Mémoires Olympiques

Pierre de Coubertin

Mémoires Olympiques

MEMORIA BOOKS

Dossier documentaire
de Yoann Laurent-Rouault,
directeur littéraire et artistique des éditions JDH

Le baron Pierre de Coubertin
Dessin d'après photographie d'archive, feutre et PAO
Y. Laurent-Rouault, Copyright 2023

Charles Pierre Fredy de Coubertin, dit Pierre de Coubertin, honoré du titre de baron de Coubertin, est né le 1er janvier 1863 à Paris et décèdera à Genève, le 2 septembre 1937, à l'âge de 74 ans, d'une crise cardiaque alors qu'il était en promenade sur les rives du lac Léman. Il eut par ses actions l'influence que l'on sait sur le monde du sport et sur une certaine internationalisation de la pratique sportive. Son nom est intimement lié à l'idée « d'entente des nations » comme à la notion de « saine compétition sportive entre les peuples ».

Mais pour faire le portrait du grand homme consciemment, il faut sortir de son statut iconographique. Le baron de Coubertin était une personne à la pensée complexe, mêlant à la discipline sportive dans sa rhétorique, comme dans ses actions, œcuménisme, politique, nationalisme, hygiénisme et eugénisme. Il aura tout au long de sa vie et de son « apostolat », des prises de position radicales en matière éducative et sportive. Historien et pédagogue unanimement reconnu, également homme de lettres édité et traduit, mais aussi patriote, Pierre de Coubertin était fortement influencé par la culture anglo-saxonne. Aussi a-t-il particulièrement milité sa vie durant pour l'introduction du sport dans les établissements scolaires français, à l'instar de la Grande-Bretagne ou des États-Unis d'Amérique qui étaient dotés, à son époque, des programmes éducatifs et sportifs les plus aboutis au monde.

Mais il ajoutera à son discours des notions presque fascisantes et précurseuses des mouvements politiques extrêmes qui embraseront l'Europe vingt ans plus tard. Coubertin voyait dans la pratique des sports par la jeunesse, l'accomplissement concret d'une discipline éducative imposée au plus grand nombre et qui, de par le fait, aiderait à rendre ses pratiquants plus serviles, et par conséquent les disposeraient à mieux répondre à la chose martiale. Propos et méthode qui devaient impérativement devenir une réalité républicaine, et qui un jour feraient réparation à la défaite française de 1870, due selon lui, pour partie, au manque de formation, de discipline et d'ambition des soldats du Second Empire.

La méthode proposée inculquant et incluant la notion de compétitivité et le goût de la victoire dans le nécessaire processus éducatif républicain. Notions qui lui paraissaient indispensables pour qu'une nation se hisse ou se maintienne au premier rang mondial.

Pierre de Coubertin ne cessera de vanter la puissance de la nation anglaise tout au long de son existence et affichera quelques sympathies pour des gouvernements extrémistes se servant du sport comme arme de guerre et de propagande. Il fera également la promotion nationale d'un scoutisme laïc, à la base fortement influencée par le fameux Robert Baden Powell et promulguée en France par l'officier de

Marine Nicolas Benoit, mais sans le dogme religieux qui lui était lié. Son « scoutisme laïc » se verra devenir une organisation nationale connue sous le nom des *Éclaireurs de France,* qui s'officialisera définitivement en 1964, en regroupant les différents mouvements et les différentes tendances nés à cette époque.

À l'époque de Pierre de Coubertin, la fin du XIXe siècle se réinventait et jetait les bases d'un XXe siècle qui se voulait, dans l'ensemble des vœux, progressiste et armé pour la course au prestige qu'entamaient les nations. Dans ce contexte, complexe et politisé, Pierre de Coubertin prendra activement part à l'éclosion et au développement du sport en France, ceci dès la fin du XIXe siècle, avant d'être un des principaux acteurs de la rénovation des Jeux Olympiques de l'ère moderne en 1894, date reconnue du premier congrès olympique moderne, et donc de fonder le Comité international olympique, dont il sera le président de 1896 à 1925. Il installera le siège du C.I.O. à Lausanne en 1915.

Il militera également pour la création des Jeux Olympiques d'hiver, dont la fameuse première édition aura lieu à Chamonix en 1924.

Le baron de Coubertin est aussi reconnu pour l'ensemble de son œuvre littéraire, partagée entre des ouvrages pédagogiques et des textes historiques et politiques. De nos jours, l'homme incarne, dans la mémoire collective populaire, la vision d'*un certain humanisme* et une certaine idée de la partition que doivent jouer les orchestres des nations pour accompagner le phénomène populaire aux 5 anneaux.

Le patronyme de Coubertin représente aussi une paix symbolisée par le sport, au but de magnifier l'entente cordiale entre pays participants. Mais le rénovateur des Jeux Olympiques était un homme de son temps. Et son portrait ne peut être en monochrome. Au-delà du texte ici publié, je vous propose donc de revenir sur les propos de Coubertin, sur ses choix et sur ses orientations, sur leurs contextes et bien évidemment sur l'histoire des Jeux Olympiques modernes, en choisissant quelques olympiades qui ont été témoins de quelques grands bouleversements du XXe siècle. Nous irons, entre autres dates, en 1904, 1936, 1972 et bien d'autres encore. Nous approcherons les États clés de l'histoire des J.O. Nous verrons à quel point le sport est non seulement le porte-parole des époques, mais aussi leur témoin privilégié.

Feutre et montage PAO. Yoann Laurent-Rouault. Copyright 2023

Sale boxe années 30. Photo colorisée Cat's Society.
Source : *Les archives du sport*

Citius, Altius, Fortius

Pour rendre le sport plus populaire, comme pour que la République en recueille lauriers et bénéfices dans la gloire des épreuves, Pierre de Coubertin pensait qu'il fallait commencer par l'internationaliser. Et pour ce faire, qu'il fallait mettre dans la balance des enjeux nationalistes si conséquents que les politiciens de l'époque ne pouvaient les contrarier, et si fédérateurs que les populations voudraient les défendre. C'était aussi la solution pour que les gouvernements favorisent le sport dans les programmes de la jeune Éducation nationale et qu'ils aident aussi au développement d'un professionnalisme du genre. Au milieu de l'année 1894, Coubertin, au cours d'une séance solennelle de l'USFSA dans l'amphithéâtre de la Sorbonne, proclame le rétablissement des Jeux Olympiques. Il y travaille avec acharnement depuis deux ans et y parviendra ce 23 juin. On décide aussi dans la foulée que les Jeux Olympiques auront lieu tous les quatre ans et à l'international. Coubertin n'est pas le seul à œuvrer pour que les Jeux renaissent, son premier appel en 1892 avait eu un retentissement international. La fin de ce XIXᵉ siècle dit « des Lumières » est de toutes les façons naturellement dédiée aux grandes manifestations internationales. Le

11

Nouveau Monde fascine, la photographie intègre les médias, les colonies et l'exotisme passionnent les foules. L'écrivain grec Vikelas est nommé président du C.I.O. et les premiers Jeux Olympiques modernes se dérouleront à Athènes, en avril 1896, et seront ouverts par le roi Georges Ier de Grèce. L'Antiquité se fait alors actrice contemporaine et rappelle à tout le monde occidental que la Grèce est le berceau de notre civilisation. La noblesse des Jeux ne peut être contrariée. L'événement en est témoin. Et c'est une grande idée. Une grande et généreuse idée comme le diront les intellectuels de l'époque. En cette même année 1896, Pierre de Coubertin deviendra le président du Comité olympique et le restera pendant près de 30 ans. Et il devra connaître bien des déboires et gérer bien des crises pour se maintenir à son poste. Citons pour l'exemple, l'organisation périlleuse des *« journées anthropologiques réservées aux représentants des tribus sauvages et non civilisées »* qu'il condamnera fermement, ou les Jeux de Londres en 1908 où les hôtes tentent d'imposer des jurys exclusivement composés d'Anglais. Le monde bouge à toute vitesse, la Guerre mondiale n'en finira pas de durer de 1914 à 1945, l'Humanité sera la proie de toutes les passions et de tous les idéaux. Et de tous les malheurs. Elle poussera les conflits à leur paroxysme. Les sociétés seront en constantes mutations, des empires s'écrouleront et tout ce qui pourra rapprocher l'humain de la paix sera le bienvenu. En cela, l'idée de la réapparition des Jeux Olympiques est effectivement une belle, grande et généreuse idée. Mais ce message ne sera-t-il pas quelque peu galvaudé par des comités directeurs olympiques trop impliqués dans leurs époques, parfois trop clients de leurs systèmes de promotion, ou encore trop avides de reconnaissance, d'argent et d'honneurs ? Et qu'en est-il de la pensée sincère d'un fondateur comme Pierre de Coubertin au sujet des grandes nations et de la « différence » entre les peuples ?

Fervent partisan de la colonisation, comme beaucoup de ses contemporains, Coubertin écrira sans ambages dans ses mémoires comme il le déclarera dans quelques articles de presse : *« Dès les premiers jours, j'étais un colonial fanatique. »*

Propos à double sens… car il peut tout aussi bien s'agir d'un écho à son fameux œcuménisme sportif, comme à une réalité contemporaine et républicaine. D'ailleurs, cet œcuménisme sportif revendiqué va de pair avec la vision disciplinaire de la pratique sportive qu'il prône. Nous pourrions même mettre le mot au pluriel, et au sens large du terme.

Comme beaucoup d'Européens et notamment de Français de cette époque, Coubertin pense que les peuples colonisés sont des peuples inférieurs, qu'il convient donc d'éduquer et de former, non en bon chrétien, mais en bon républicain. Coubertin voit dans le sport le moyen de se faire. Du clocher à la mairie, il n'y a souvent que peu de pas. Et de la mairie au bureau de recrutement aussi. Et l'idée d'éducation sportive plaît aux dirigeants politiques et militaires en place, qui ont compris assez vite que si les matières premières des pays colonisés sont une incroyable richesse importée, ses populations sont également une autre importante matière à exploiter et à exporter. Le sport peut donc être un instrument utile de « disciplinisation » de populations « indigènes » considérées alors comme infantiles de nature. Coubertin accorde une grande place à l'honneur patriotique et au nationalisme dans ses différents discours et écrits. Il présente aussi le sport comme un moyen de rendre ses pratiquants plus aptes à la guerre. Il écrit : « *Le jeune sportsman se sent évidemment mieux préparé à partir à la guerre que ne le furent ses aînés, et quand on est préparé à quelque chose, on le fait plus volontiers !* » Une bien belle lapalissade en fin de phrase sert à clôturer le propos. Tout chez de Coubertin pousse le lecteur ou l'auditeur à reconnaître et à admettre l'évidence du sport. Mais sorti de ce contexte propre à l'empire colonial français, et au nationalisme cocardier du moment, Coubertin semble aussi, à la lecture de ses propos, contaminé par le racisme ambiant de son époque. Il déclarera : « *Les races sont de valeur différente et à la race blanche, d'essence supérieure, toutes les autres doivent faire allégeance.* » Il trahira par là une peur des milieux sportifs et politiques assez commune à l'époque, à savoir « *que le noir, le rouge ou le jaune sautent plus loin et plus haut et courent plus vite que le blanc* »… Peur justifiée… Un petit homme à moustache courte avec une crampe permanente au bras droit en fera l'expérience amère aux J.O de 1936… Il sera d'ailleurs reproché à Pierre de Coubertin d'avoir fait la part belle au national-socialisme allemand en général et à son leader en particulier. Il déclarera à ce propos : « *Comment voudriez-vous que je répudie la célébration de la XIe Olympiade ? Puisqu'aussi bien cette glorification du régime nazi a été le choc émotionnel qui a permis le développement qu'ils ont connu !* » Notons que le baron de Coubertin ne connaîtra pas la suite de l'histoire, puisqu'il décèdera jour pour jour, deux ans avant la déclaration de guerre de la France à l'Allemagne, le 2 septembre 1939, suite à l'invasion de la Pologne.

Pierre de Coubertin en 1916. *Feutre / PAO. Yoann Laurent-Rouault.*
Copyright 2023

De la synthèse de ses propos et pensées retranscrite, on retrouve aussi et sous-jacentes certaines notions d'eugénisme. Il écrira : « *Toute société est divisée entre forts et faibles, il y a deux races distinctes, celle au regard franc, aux muscles forts, à la démarche assurée, et celle des maladifs, à la mine résignée et humble, à l'air vaincu... c'est dans les collèges comme dans le monde : les faibles sont écartés, le bénéfice de cette éducation n'est appréciable qu'aux forts.* » D'autres ont pensé ceci après lui...

D'un point de vue personnel, j'ai, à la lumière des documents consultés, le sentiment que Pierre de Coubertin mélangeait plusieurs sujets. Il me semblait avoir une vision presque romantique de la discipline sportive, de sa pratique qui fabrique l'athlète, le dieu du stade, le héros dont rêvent toutes les nations. Il y ajoutait la dominance raciale, la représentation philosophique et politique dans la discipline sportive, et la notion non de compétition, mais de compétitivité entre les peuples. Un amalgame diablement logique pour qui n'a pas une vision globale de l'Humanité, mais qui serait victime d'une sectarisation comme d'une sectorisation nationaliste.

Mais le baron de Coubertin, hors de ses considérations sur les peuples, les « races » et la pratique sportive en général, avait aussi un autre cheval de bataille : la femme et le sport. Autre grand danger selon lui pour l'équilibre des peuples. Vaste sujet et vaste programme doté d'un historique en décalage complet avec « l'autre sport », celui des hommes, des vrais, des mâles, des durs et des tatoués. Lisons plutôt ceci émanant de l'un de ses articles : « *Une petite olympiade femelle à côté de la grande olympiade mâle. Où serait l'intérêt ? [...] Impratique, inintéressante, inesthétique, et nous ne craignons pas d'ajouter : incorrecte, telle serait à notre avis cette demi-olympiade féminine. Ce n'est pas là notre conception des Jeux Olympiques dans lesquels nous estimons qu'on a cherché et qu'on doit continuer de chercher la réalisation de la formule que voici : l'exaltation solennelle et périodique de l'athlétisme mâle avec l'internationalisme pour base, la loyauté pour moyen, l'art pour cadre et l'applaudissement féminin pour récompense.* »

En bref, la femme doit récompenser l'athlète et l'honorer de ses faveurs. Le repos du guerrier, en somme. Et en aucun cas, elle ne doit le mettre dans la concurrence de prestige. Nous sommes là encore dans une vision romantique, pour ne pas dire romanesque, des implications du sport sur l'homme. Des idées d'un autre temps qui perdurent cependant. Il suffit de constater aujourd'hui, et plus que jamais, depuis Piaf et Cerdan, les liens intimes qui unissent les célébrités féminines des arts et du spectacle aux sportifs masculins de haut niveau, toutes disciplines confondues. Notons tout de même, et grâce en soit rendue aux votes du comité olympique, que les femmes participeront à diverses Olympiades dès 1900. «*La femme n'est pas faite pour lutter, mais pour procréer.*» Les athlètes féminines prouveront par la suite, toute la bêtise de cette phrase vendue à l'époque de Coubertin comme une vérité.

Couverture de magazine pour les J.O de Berlin 1936

Alors, qu'en conclure ? Sinon que «le génial» Pierre de Coubertin, l'homme qui a contribué à faire renaître les antiques Jeux Olympiques, qui a jeté les bases de cette maintenant gigantesque entreprise mondiale qui déplace les foules et monopolise les écrans à dates données, qui fait quelquefois trembler les gouvernements, qui mobilise les médias et la finance, qui sert les causes politiques les plus idéalistes comme les plus noires, était un homme de son époque, porteur des convictions de son temps, et peut-être qu'il ne faut, en conséquence, pas le voir comme un cliché photographique pris à l'instant « T ». Comme un témoignage. Comme le foyer de l'incendie. Comme le mètre étalon d'une IIIe République préfabriquée.

La réalisation de nombreux dossiers documentaires de la collection des Atemporels aux éditions JDH m'aura appris une chose. Ou plutôt fait vérifier un vieil adage populaire : « Chaque pays, chaque mode. Chaque époque, chaque mode. » D'André Gide et ses mœurs dissolues, inqualifiables dans leurs termes aujourd'hui pour notre société, en passant par l'antisémitisme militant de certains de nos grands auteurs, comme Daudet par exemple, à la vie résolument folle d'Hemingway ou de Paul Éluard, aux maladies du siècle de Baudelaire ou de Victor Hugo, en passant par la folie spirite d'un Allan Kardec, il se vérifie. Notre contemporanéité nous oblige à considérer certaines opinions ou certains agissements de nos pères comme irrecevables, et par conséquent nous portent à mettre au pilori certains auteurs ou personnages historiques d'une époque donnée. Cependant, aux jours de leurs existences, leurs actes et leurs écrits n'étaient pas nécessairement répréhensibles et cela faisait partie « d'un tout » sociétal admis. Déjà discuté dans certains cas, mais globalement très moyennement condamnable pour les contemporains des polémiques suscitées. C'est en cela une autre leçon de l'Histoire. En tant qu'auteur, j'ai parfois l'impression de participer à une sorte de révisionnisme historique, qui consiste non à remettre en question les faits, les dates et les intervenants d'un acte de la pièce, mais à se poser en juge et parti et à mettre l'accent sur ce qui est « mal », ou vu comme dommageable, par rapport aux mœurs de notre époque. Bref, à changer le décor. Notre époque, je le rappelle, n'est qu'un petit wagon du grand train de l'histoire de l'Humanité. Elle n'est référence pour nous que parce qu'elle est et que nous y sommes. Ainsi, puisque nous l'évoquons, je regrette que les mots durs et péjoratifs du colonialisme européen soient effacés peu à peu de nos dictionnaires, de nos lieux de mémoires, et par conséquent de notre vocabulaire.

Mieux ne vaut-il pas savoir ce que porte en lui le mot « nègre » et en connaître toute la portée, l'horreur et l'absurdité, plutôt que de l'effacer ?

Quelle leçon tirer de quelque chose qui n'existe plus ?

Comment identifier clairement des propos fascistes, des propos racistes, comment juger et comprendre notre histoire, si la vie de tous ces gens, et peu importe qu'ils fussent esclaves ou marchands d'esclaves, est effacée progressivement par une élite de lettres tout aussi dangereuse que ce qu'elle veut annihiler, car elle flirte sans s'en rendre compte avec un certain négationnisme boboïsant et acculturé ?

Affiche russe, années 50. Source : Les archives du sport

« L'important dans ces olympiades, c'est moins d'y gagner que d'y prendre part »

Après la Première Guerre mondiale, qui ne fut pas sans conséquences pour le C.I.O. et son organisation interne, dans une des Lettres olympiques datée du 13 janvier 1919 et publiée dans *La Gazette de Lausanne*, Coubertin écrit : « *Tous les sports sont pour tous ; voilà sans doute une formule qu'on va taxer de follement utopique. Je n'en ai cure. Je l'ai longuement pesée et scrutée ; je la sais exacte et possible. Les années et les forces qui me restent seront employées à la faire triompher.* »

Coubertin avait aussi une vision internationale du sport et voulait relier les ligues sportives du monde entier entre elles avec une préférence pour les jeux sportifs anglais (football, athlétisme, aviron et tennis). D'ailleurs, au sein des ministères de la IIIe République, le débat fait rage : doit-on importer des sports étrangers, ou bien puiser dans les ressources régionalistes du territoire ? Coubertin et bien d'autres militent pour que le sport soit international et donc, à ce titre, que les pratiques en soient la conséquence. Coubertin démissionne de son poste en 1925 après les Jeux d'été de Paris et les premiers Jeux d'hiver de Chamonix. Dès les Jeux qui suivent, à Amsterdam, son successeur, Henri de Baillet-Latour, ouvre aux femmes les épreuves d'athlétisme. Pierre de Coubertin sortira assez aigri de cette longue présidence, et bien que président d'honneur du Comité olympique, il travaillera en marge de l'organisation, jusqu'en 1931, date à laquelle le comité donnera les Jeux à l'Allemagne nazie. Il s'impliquera alors de nouveau, persuadé que l'investissement allemand marquera une nouvelle ère pour les Jeux. Il ne se trompera pas, l'Allemagne d'Hitler fera des Jeux Olympiques un spectacle mondial et mettra à son service des moyens alors sans précédent. Jusqu'à la flamme olympique qui sera ravivée sous la demande expresse du dictateur nazi.

Bibliographie

Pierre de Coubertin laisse environ 16 000 pages d'écrits imprimés dont 34 ouvrages, 57 brochures et 1 224 articles.

Pédagogie

Pierre de Coubertin, *L'éducation en Angleterre*, Paris, Hachette

Pierre de Coubertin, *L'éducation anglaise en France*, Paris, Nabu Press, 2010 (1re éd. 1889)

Pierre de Coubertin, *Universités transatlantiques*, Paris, Hachette, 2010 (1re éd. 1890)

Pierre de Coubertin, *L'éducation des adolescents au XXe siècle*, Paris, Félix Alcan, 1905

Pierre de Coubertin, *L'éducation des adolescents au XXe siècle*, Paris, Félix Alcan, 1906

Pierre de Coubertin, *Essais de psychologie sportive*, éditions Millon, 1992 (1re éd. Payot 1913)

Pierre de Coubertin, *Pédagogie sportive*, J. Vrin, 1922

Pierre de Coubertin, *Une campagne de 21 ans (1887-1909)*, Librairie de l'éducation physique, 1909

Pierre de Coubertin, *Anthologie*, Paris, Paul Roubaud, 1933

Pierre de Coubertin, *Mémoires olympiques*, Éditions Revue EPS, coll. « Archives et mémoire de l'éducation physique et du sport », 1er janvier 1996 (1re éd. 1931)

Pierre de Coubertin, *Mémoires de jeunesse : tapuscrit inédit, vers 1933-1934*, Nouveau Monde, 2012 (1re éd. 1933-1934)

Histoire/politique

Pierre de Coubertin, *L'évolution française sous la Troisième République*, Paris, Plon, 1898

Pierre de Coubertin, *La chronique de France*, Paris, Lanier, 1900

Pierre de Coubertin, *L'avenir de l'Europe*, Bruxelles, Imprimerie Deverver-Deweuve, 1910

Pierre de Coubertin, *Notes sur le football*, dans *La Nature*, revue des sciences, arts et à l'industrie du 8 mai 1897

Pierre de Coubertin, *La gymnastique utilitaire : sauvetage - défense : locomotion*, Paris, Félix Alcan, 1905

Pierre de Coubertin et Louis Pascaud, *Traité d'escrime équestre*, Auxerre, Éditions de la Revue Olympique, 1906

Publications étrangères

Pierre de Coubertin, *The Evolution of France Under the Third Republic*, New York, Crowell, 1897

Pierre de Coubertin, *France Since 1814*, The Macmillan co. 1900

Pierre de Coubertin et Thomas Barclay, *England and France*, 1901

Pierre de Coubertin, *Olympische Erinnerungen*, Limpert, 1959

Ses œuvres complètes, réunies par les professeurs Norbert Müller et Otto Schantz, ont été éditées sous forme numérique au début de l'année 2013 par le Comité international Pierre de Coubertin.

Mémoires Olympiques

de Pierre de Coubertin

I

Le Congrès de Paris et le rétablissement des Jeux Olympiques

Un soir de novembre 1892... exactement le vendredi 25. Le grand amphithéâtre de l'ancienne Sorbonne : vaste rectangle teinté, si j'ai bonne mémoire, de lilas sale et orné de deux niches carrées d'où saillaient les nez augustes de deux prélats qui devaient être Bossuet et Fénelon. En ce lieu maussade, j'avais passé l'écrit d'un de mes bachots et cherché quelque chose à dire sur l'« imagination créatrice ». Mais les potaches présents à la Sorbonne en cette soirée de 1892 pensaient à toute autre chose. Sur l'estrade ils contemplaient, au centre, le plastron immaculé et l'habit de coupe impeccable du plus en vue des mondains d'alors, le vicomte Léon de Janzé, dont j'avais fait, peu avant un président de l'Union des Sports Athlétiques, sachant fort bien qu'il n'était pas seulement un mondain, mais un homme de grand sens et un caractère sûr. À ses côtés se tenaient le recteur de l'Université, M. Octave Gréard, et le prince Obolensky, maréchal de la cour du Grand Duc Wladimir, lequel avait accepté de patronner ce « jubilé » et devait venir en personne au Bois de Boulogne le surlendemain distribuer des prix à nos jeunes athlètes. En foi de quoi l'amphithéâtre était orné de drapeaux russes alternant avec des drapeaux français ; c'était l'alliance dix mois d'avance.

Jubilé de quoi ?... Soi-disant, on célébrait le *cinquième* anniversaire de l'Union des Sports Athlétiques par une série de fêtes : réunion à Ville-d'Avray, assaut d'escrime, cross-country à Meudon qui s'était terminé par un magnifique goûter offert et présidé par l'illustre astronome Janssen... car nous avions alors des collaborateurs haut placés dans les Lettres, les Sciences et la politique : Victor Duruy, Jules Simon, Georges Picot et bien d'autres qui avaient, les premiers, en 1888, prêté leur appui à ma campagne initiale... Donc, on célébrait le cinquième anniversaire de l'U.S.F.S.A. ?... N'en croyez rien. Le bébé avait été substitué. Il est bien exact qu'à la même date, cinq ans plus tôt, deux petites sociétés parisiennes avaient été convoquées pour former, à l'issue d'un déjeuner frugal, l'*Union des Sociétés Françaises de Courses à pied*. Et c'était déjà là un bien joli geste d'audace de la part de Georges de Saint-Clair, car enfin, le Stade Français avait tout juste la permission de courir le dimanche matin sur la terrasse de l'Orangerie, aux Tuileries, et la concession du Racing-Club à la Croix-Catelan était plus que précaire. Un peu plus tard, je dus intervenir à l'Hôtel de Ville pour tâcher de la fixer. Quelle fut notre stupeur, à Saint-Clair et à moi, de recevoir un papier où il était dit que la société serait admise à établir des pistes sur ce joli terrain, mais qu'« à première réquisition, elle devait toujours être prête à les rouler et à les emporter ». Tels étaient les « ronds-de-cuir » de l'époque. Pour eux, les membres de l'Institut qui parrainaient notre œuvre devaient évidemment être un peu mabouls.

C'est ainsi, en utilisant un acte de baptême rectifié par la suite et dont un publiciste adverse ne cessait de me réclamer malicieusement une copie officielle, que nous avions saisi l'occasion d'organiser ces fêtes avec toute la somptuosité permise par des budgets encore efflanqués. La soirée de la Sorbonne, qui en constituait la partie intellectuelle, comprenait, avec la Marseillaise, l'hymne russe et une ode de circonstance, une conférence en triptyque sur l'histoire des exercices physiques : Georges Bourdon parlerait de l'antiquité ; J.-J. Jusserand, futur ambassadeur de France à Washington, parlerait du Moyen-Âge ; et moi-même, des temps modernes.

Or, mon exposé, j'avais décidé de le terminer en forme sensationnelle par l'annonce de la résolution de provoquer le prochain rétablissement des Jeux Olympiques. Et allez donc !

Naturellement, j'avais tout prévu, hormis ce qui arriva. De l'opposition ? Des protestations, de l'ironie ? Ou même de l'indifférence ?... Point du tout. On applaudit, on approuva, on me souhaita un grand succès, mais personne n'avait compris. C'était l'incompréhension totale, absolue qui commençait. Elle devait durer longtemps.

Quatre ans plus tard, à Athènes, lors des Jeux de la première Olympiade, je me souviens d'une dame américaine qui, après m'avoir complimenté, me dit, en souriant : « J'ai déjà assisté aux Jeux Olympiques. » « Ah bah ! lui dis-je, et où donc ? » « À San Francisco. » Et voyant mon ahurissement, elle ajouta : « C'était très beau.

César était présent (Caesar was there). » Une restitution, un « pageant », une représentation comme l'Hippodrome de l'avenue de l'Alma, ou à Londres, l'Olympia se plaisaient à en montrer en ces temps lointains, voilà ce qui, obstinément, allait se tenir entre mes auditeurs de 1892 et moi. Pleins de bienveillance, ils ne parvenaient pas à saisir ma pensée, à interpréter cette chose oubliée : l'olympisme, et à en séparer l'âme, l'essence, le principe... des formes antiques qui l'avaient enveloppée et étaient depuis quinze cents ans descendues dans la tombe. Cela me créait une situation solitaire malaisée à affronter. Si j'avais été un multimillionnaire, il y aurait eu moyen de s'en tirer, mais les modestes ressources de ma bourse de jeune homme, qui avaient suffi jusque-là à aider les associations sportives scolaires en formation dans les lycées français, à circuler pour organiser ici ou là des manifestations désirables, comment leur demander un pareil effort international ? Et sans cela, avec quoi le soutenir ?

***

Une autre source d'incompréhension existait, chez les sportifs, celle-là : l'incapacité à collaborer d'un sport à l'autre. La génération actuelle n'arrivera jamais à réaliser l'état des choses d'alors. C'est qu'à y réfléchir, en effet, l'antinomie des sports entre eux est peu explicable puisqu'ils reposent tous sur le même soubassement de joie musculaire et de développement corporel préalable. Leur piédestal psycho-physiologique est identique. Mais voilà. Les sportifs du XIXe siècle étaient profondément convaincus que la technique d'un sport, étant contraire à celle d'un autre, ils se nuisaient pratiquement entre eux. L'escrimeur se détériorera à faire de la boxe. Le rameur doit se méfier de la barre fixe. Quant au cavalier de ce temps, l'idée de courir à pied ou de jouer au football lui eût donné la nausée. Il n'y avait que le tennis, alors à son aurore, et la natation qui ne suscitassent point de méfiance : le premier de ces exercices n'était encore qu'un passe-temps élégant, et le second une accoutumance utilitaire recommandée par l'hygiène générale et la sécurité en cas d'accident ou de sauvetage obligatoire.

Les représentants des différents sports ne s'étaient, je crois bien, jamais trouvés réunis pour une œuvre commune, quand je les assemblai lors de la fondation du Comité pour la propagation des sports scolaires ; un an plus tard, la Commission d'organisation des concours du Congrès de 1889, dont j'avais dressé la liste, les mit en présence officiellement, au ministère de l'Instruction publique, cette fois. Ils se regardèrent avec une surprise méfiante assez amusante. Mais en tout ceci, il ne s'était agi que des potaches. Nous ne touchions alors qu'à des milieux pédagogiques. Bien différente était la situation avec les Jeux Olympiques. Il faudrait maintenant manœuvrer des adultes...

L'hiver de 1892-93 se passa sans que l'idée eût le moins du monde « rebondi » dans l'opinion. Quand il y était fait allusion, je voyais toujours transparaître la notion de représentation hippodromesque. La grande plaisanterie des gens « cultivés » était de s'enquérir si les femmes seraient admises parmi les spectateurs

27

aux nouveaux Jeux et si, comme à certaines périodes de l'antiquité, la nudité générale serait imposée pour mieux défendre l'accès de l'enceinte au sexe faible.

Mon dessein, avant la séance de novembre 1892, avait été basé sur l'idée que le retentissement du projet serait assez grand pour assurer le succès d'un congrès international, auquel j'entrevoyais naïvement que les gouvernements et les universités participeraient par l'envoi de délégués officiels. À présent, il fallait déchanter. Comment faire ? Très vite, je me décidai à maintenir le projet de Congrès, mais en le truquant. Il traînait dans les cartons de l'U.S.F.S.A. (car à peine née, elle avait déjà des cartons comme toute bonne création moderne) un projet de Congrès international pour régler la question de l'amateurisme, déposé par Ad. de Pallissaux, un des plus dévoués et convaincus parmi les ouvriers du début. Ah ! ces chers collaborateurs d'alors, avec quelle franche amitié je songe à eux, sans me souvenir des nuages qui passaient parfois entre nous ; Pallissaux, Paul Champ, Gaston Raymond, Gustave de Lafreté, Marcadet, Heywood, qui tracèrent avec moi les premières pistes de cross à travers les bois des environs de Paris ; et puis la première floraison des potaches « libérés » : Frantz-Reichel, Louis Dedet, Fernand Bouisson, Georges Haviland, Arthur Roy... équipe de pionniers dont j'étais le camarade autant que le chef.

L'amateurisme, admirable momie qu'on pourrait transporter au musée de Boulak comme spécimen de l'embaumement moderne ! Un demi-siècle a passé sans qu'elle paraisse avoir souffert des manipulations incessantes dont elle a été l'objet. Elle semble intacte. Personne de nous n'escomptait une telle durée. En nous attaquant à ce problème, nous étions convaincus d'en venir à bout en moins d'un lustre. Mais pour moi, le Congrès projeté avait, avant tout, cette importance de me constituer un précieux paravent. Je rédigeai donc un programme préliminaire et le fis approuver par le Congrès de l'U. S. F. S. A., transformée dès le début de 1890. Elle avait désormais un Conseil et un Comité rentrant l'un dans l'autre et en sortant avec une égale aisance. C'était de la sorte, une manière de Janus avec une façade sur le Jockey-Club, dans les rangs duquel se recrutaient nos membres honoraires à vingt francs l'an, et une autre sur la petite bourgeoisie, dont une fraction, pleine d'allant, nous fournissait des travailleurs zélés et nous confiait volontiers les muscles de ses fils. Cette fusion des classes, pas toujours commode à maintenir, sinon à provoquer, m'amusait, et je pense que c'est en observant la manière dont je m'y prenais pour réussir qu'un jeune publiciste m'avait découvert « des coins curieux d'apôtre qui s'en fiche ». Dans la France d'alors, il était très nécessaire de savoir prendre à la blague — ou, du moins, en avoir l'air — les projets graves qu'on méditait de faire aboutir.

Le programme du Congrès de 1894, je l'ai là sous les yeux, en deux formules entre lesquelles s'étend un espace de quelque dix mois. En tête, une trinité immuable composée de trois commissaires : C. Herbert, secrétaire de l'International Athletic Association (Londres) pour l'Angleterre et l'Empire britannique ; W. M. Sloane, professeur à l'université de Princeton pour le continent américain ; et moi-même, pour la France et l'Europe continentale. Cette géographie inhabituelle était destinée à me faciliter la propagande. Mes deux collègues avaient d'abord accepté pour m'être agréables. Herbert, assez taciturne, beaucoup plus compréhensif qu'il ne paraissait au premier contact, avait, à sa disposition, comme chef administratif de l'A.A.A., tout un réseau propagandiste organisé. Sloane devait à sa situation, à sa réputation déjà grande, des moyens d'atteindre le monde universitaire transatlantique dont j'avais constaté en 1889 qu'il dominait l'athlétisme américain et qu'on ne pouvait rien faire sans lui.

Après les noms des commissaires venaient les huit articles suivants qui, je crois, n'ont jamais été reproduits depuis lors :

I. — Définition de l'amateur : bases de cette définition. — Possibilité et utilité d'une définition internationale.

II. — Suspension, disqualification et requalification. — Des faits qui les motivent et des moyens de les vérifier.

III. — Est-il juste de maintenir une distinction entre les différents sports au point de vue amateuriste, spécialement pour les courses de chevaux (gentlemen) et le tir aux pigeons ? — Peut-on être professionnel dans un sport et amateur dans un autre ?

IV. — De la valeur des objets d'art donnés en prix. — Est-il nécessaire de limiter cette valeur ? — Quelles mesures doit-on prendre contre celui qui vend l'objet d'art gagné par lui ?

V. — Légitimité de ressources provenant des admissions sur le terrain. — Cet argent peut-il être partagé entre les sociétés ou entre les concurrents ? Peut-il servir d'indemnité de déplacement ? — Dans quelle limite des équipiers peuvent-ils être indemnisés, soit par la société adverse, soit par leur propre société ?

VI. — La définition générale de l'amateur peut-elle s'appliquer également à tous les sports ? — Comporte-t-elle des restrictions spéciales en ce qui concerne la vélocipédie, l'aviron, les sports athlétiques, etc. ?

VII. — Du pari. — Est-il compatible avec l'amateurisme ? — Des moyens d'en arrêter le développement.

VIII. — De la possibilité du rétablissement des Jeux Olympiques. — Dans quelles conditions pourraient-ils être rétablis ?

Le programme définitif publié au début de 1894 était plus développé et plus précis. Il contenait des dates : 16-24 juin 1894, l'annonce que les séances se tiendraient à la Sorbonne et que l'ouverture solennelle serait présidée le 16 juin par le baron de Courcel, sénateur, ancien ambassadeur à Berlin (en fait, c'était M. Casimir-Périer, alors ministre des Affaires Étrangères, qui, d'abord, avait accepté cette mission puis s'était récusé, me conseillant de m'adresser à M. de Courcel). Il y avait en outre huit vice-présidents honoraires, parmi lesquels un Anglais, un Américain, un Belge, un Suédois et un Hongrois ; quelques commissaires adjoints, dont Frantz-Reichel, « pour la presse », et l'annonce de quelques fêtes encore un peu incertaines. Le programme s'était allongé de deux paragraphes nouveaux. Surtout il était divisé en deux parties : la première sous le titre « Amateurisme et professionnalisme » comprenait les sept articles ci-dessus reproduits ; la seconde, sous la mention « Jeux Olympiques », se composait du VIIIe et des deux articles que voici :

IX. — Conditions à imposer aux concurrents. — Sports représentés, — Organisation matérielle, périodicité, etc.

X. — Nomination d'un Comité international chargé d'en préparer le rétablissement.

Enfin, le règlement était précisé tout en gardant le plus possible du caractère élastique que j'étais tenu de lui conserver, notamment en spécifiant que « les Unions et Sociétés participantes ne seraient pas liées par les résolutions adoptées ». Le document revêtait de la sorte un aspect d'assurance, de certitude bien éloigné de correspondre à la réalité. Au fond, j'étais embarqué dans une aventure sur la réussite immédiate de laquelle j'étais loin de me sentir rassuré.

À l'automne de 1893, j'étais retourné pour quatre mois aux États-Unis. J'avais visité longuement l'Exposition de Chicago, séjourné en Californie, et j'étais revenu à Washington et New York par le Texas et la Louisiane. À Chicago, j'avais demeuré dans le luxueux Athletic Club et fréquenté à San Francisco l'Olympic Club, au nom prédestiné. Dans toutes les universités nouvelles ou déjà visitées en 1889, j'avais rencontré un accueil empressé, malgré que mon livre *Universités Transatlantiques*, paru en 1890, n'eût guère satisfait les professeurs qui en avaient trouvé la forme un peu légère et le contenu insuffisamment élogieux. Nulle part, en tous cas, l'idée du rétablissement des Jeux Olympiques n'éveillait la sympathie qu'il eût fallu. Seul, mon cher ami William Sloane vibrait à cette idée. À la veille de mon embarquement, il donna à l'University Club à New York, un dîner dont il avait choisi les convives avec grand soin parmi les gens à la fois les plus ouverts au sens sportif et au sens historique. Conversation très chaleureuse, intérêt sincère, mais arrière-pensée évidente d'un insuccès certain.

Même impression encore accentuée à Londres en février 1894. Sir John Astley réunit au Sports Club des amis pour parler de mes projets, mais le nombre des acceptants se réduisit peu à peu à une poignée plutôt inerte. Cependant, le printemps s'avançait sans apporter de promesses réconfortantes. Reculer, je n'y songeais point. C'était du reste difficile, car les adhésions, sans être assez nombreuses ni assez fermes, arrivaient pourtant, et d'un peu partout, de la Nouvelle-Zélande ou de la Jamaïque, aussi bien que d'Amiens ou de Bordeaux.

Deux sources d'inquiétude : les universités ne marchaient pas. Or j'avais beaucoup compté sur leurs délégués pour corser le caractère «classique» de l'entreprise. Et puis l'Allemagne ne marchait pas non plus. Je n'y connaissais alors personne, mais je jugeais l'appui germanique indispensable en regard du britannique et du «latin», expression que j'employais encore, n'en devant que plus tard reconnaître le caractère artificiel et inexact. Muni d'une introduction quelconque, j'avais rendu visite à l'attaché militaire allemand à Paris, le fameux colonel Schwartzkoppen, qui devait, dans la suite, être si tragiquement mêlé à l'affaire Dreyfus. Sur son conseil, j'écrivis à deux reprises à un ministre prussien, M. de Podbielski, qui m'était signalé comme grand manitou des sports, mais il ne vint jamais de réponse.

Cette introduction de l'Allemagne dans l'affaire risquait de me retirer l'adhésion des gyms français, donnée, du reste, sans le moindre enthousiasme. Le 15 mai 1894, M. Cuperus refusait celle de gyms belges en termes virulents :

«Ma fédération, disait-il, a toujours cru et croit encore que la gymnastique et les sports sont choses *contraires* et elle a toujours combattu ces derniers comme *incompatibles* avec ses principes.» Là-dessus, mon opinion était faite. J'estimais une telle doctrine absurde, mais qu'y pouvait-on ? L'Union des Sociétés françaises de Gymnastique avait adhéré. M. Sansbœuf m'avait toutefois avisé que ses délégués se retireraient si les Allemands paraissaient. Ceci, je le trouvais non seulement fâcheux, mais humiliant. Cette perpétuelle «protestation» à l'égard du vainqueur de 1870 m'exaspérait. En réalité, quoi de moins français, de moins chevaleresque, de moins « Fontenoy » que de montrer ainsi le poing rageusement, en restant assis ? Est-ce ainsi que nos pères comprenaient « l'intervalle des batailles » ? Je ne saurais dire combien, pendant mon adolescence, j'ai souffert de cette attitude qu'une conception fausse et mesquine du patriotisme imposait à ma génération. Bien qu'ayant grandi à l'ombre de Sedan, je ne me sentis jamais une âme de vaincu. Le réveil de 1878 m'éclaira et le magnifique tournant de 1889 me libéra en me rendant le concept des capacités nationales et la foi en un avenir différent du passé, mais non indigne de lui. Aux approches du Congrès, tout demeurait, si je puis ainsi dire, à rais de lumière sur fond gris. Autour de moi, j'avais réuni un petit orchestre qui, les yeux fixés sur mon pupitre, attendait le signal de l'archet, sans bien savoir quel air il allait être appelé à jouer. Je fis porter tout mon effort sur la séance d'ouverture et la première audition avec chœurs de l'*Hymne à Apollon* découvert dans les ruines de Delphes. Gabriel Fauré s'y prêta de bien bonne grâce.

Brusquement, le nom du Congrès changea. Les mots « Congrès pour le rétablissement des Jeux Olympiques » figurèrent sur les lettres d'invitation, dont un spécimen est exposé à Lausanne, dans le Musée Olympique. Dans le cadre prestigieux du grand amphithéâtre de la Sorbonne (la nouvelle Sorbonne cette fois), en face du « Bois sacré » de Puvis de Chavannes, entre une belle ode de Jean Aicard et un savant commentaire de Théodore Reinach, précédés d'un discours académique du baron de Courcel, l'audition de l'harmonie sacrée plongea la nombreuse assistance dans l'ambiance espérée. Une sorte d'émotion nuancée se répandit comme si l'antique eurythmie transparaissait à travers le lointain des âges. L'Hellénisme s'infiltra de la sorte dans la vaste enceinte. Dès ces premières heures, le Congrès avait abouti. Je savais que, désormais, consciemment ou non, personne ne voterait contre le rétablissement des Jeux Olympiques.

Il fut, en effet, proclamé sans opposition le 23 juin, à la dernière séance. Les congressistes avaient fait d'honnêtes besognes. Divisés en deux commissions, l'une pour l'amateurisme, l'autre pour l'olympisme, ils avaient eu pour présider leurs travaux, d'une part Michel Gondinet, président du Racing Club de France, de l'autre, D. Bikelas, délégué à la Société Panhellénique de Gymnastique. Les vice-présidents étaient le professeur W. M. Sloane et R. Todd, délégué de la National Cyclist's Union, pour l'une, le baron de Carayon la Tour, délégué de la Société Hippique Française, pour l'autre, les secrétaires-rapporteurs, MM. A. Mangeot, délégué du

Stade Bordelais, et Maurice Borel, secrétaire d'ambassade, délégué de la Société de l'île de Puteaux.

Très bonne tenue des séances. Sur les questions technique et amateuriste, intéressantes discussions auxquelles le recteur descendit plusieurs fois de son appartement pour assister.

Pour les Jeux Olympiques, on me suivait sans presque discuter. Je fis voter successivement les principes fondamentaux préalablement arrêtés dans mon esprit : l'intervalle de quatre années, le caractère exclusivement moderne des concours, l'exclusion des scolaires (Bikelas et le Suédois Bergh eussent désiré des concours pour les enfants, ce que j'estimais impratique et dangereux), enfin la désignation d'un Comité International permanent dans son principe et stable dans sa composition, et dont les membres seraient les représentants de l'Olympisme dans leurs pays respectifs.

Quant au choix d'Athènes et à la date de 1896, cela ne répondait pas à mon plan initial pour la raison que, trompé comme la plupart de mes contemporains sur les forces juvéniles de la Grèce ressuscitée, je ne pensais pas qu'elle fût en état de faire face à l'inauguration de rencontres sportives mondiales.

J'avais pensé inaugurer celles-ci à Paris dans la première année du XXe siècle, ainsi que je l'exposais dans la *Revue de Paris* du 15 juin 1894, et tout en « imbibant d'hellénisme » la célébration des Jeux. Des conversations avec D. Bikelas, dont le commerce m'avait charmé dès le premier abord, me conduisirent à changer d'avis. Lui le désirait, mais en même temps reculait devant la responsabilité d'engager son pays dans cette aventure. Nous nous encourageâmes l'un l'autre et Athènes fut désignée par acclamation.

Le principe des Jeux circulants passa sans trop soulever d'objections. Il était essentiel. Autrement, la dépense n'eût pu être acceptée par aucun pays. La Grèce, en tout cas, eût été hors de cause techniquement et financièrement.

J'eus toute liberté pour la composition du C.I.O. La liste proposée fut élue sans retouche ; elle comprenait : Bikelas pour la Grèce ; Callot et moi pour la France ; le général de Boutowsky pour la Russie ; le colonel Balck pour la Suède ; le professeur Sloane pour les États-Unis ; Jiri Guth (Bohème) ; Fr. Kemény (Hongrie) ; G. Herbert et lord Ampthill pour l'Angleterre ; le professeur Zubiaur pour l'Argentine et L. A. Cuff pour la Nouvelle-Zélande ; enfin le comte Lucchesi Palli accepta provisoirement pour l'Italie et bientôt après le comte Max de Bousies pour la Belgique. On ne remarqua pas que je n'avais choisi presque que des absents. Leurs noms figurent sur la longue liste des « membres honoraires du Congrès », on s'était accoutumé à leurs consonances et à les croire inféodés à l'œuvre. Il me fallait mes coudées franches pour toute la période de début, car de multiples conflits ne pouvaient manquer de naître. On voudrait, en tous cas, s'emparer du gouvernail, soit pour bénéficier du succès, soit pour modifier la direction. Ainsi l'exige la loi humaine.

II

La conquête de la Grèce

Peu de jours après la clôture du Congrès, nous nous assemblâmes, Sloane, E. Callot et moi, chez M. Bikelas, qui avait un pied-à-terre à Paris, rue de Babylone. C'est là que fut cimenté l'édifice du C.I.O. Bikelas ne voulait pas en accepter la présidence. Je tenais à l'idée d'une présidence mobile appartenant de droit à la nationalité de l'Olympiade prochaine. Tout ce qui pouvait consolider le caractère international du cycle qui allait s'ouvrir me semblait de première importance. Bikelas n'aurait à exercer ces fonctions que jusqu'à la fin de l'année 1896 et je lui succéderais alors pour quatre ans. En attendant, j'exercerais un de ces « secrétariats généraux », plus intéressants que la plupart des présidences, car ce sont les chevilles ouvrières d'une administration active.

C'est ainsi que j'avais agi avec l'U. S. F. S. A. pour la transformer et en faire une pierre angulaire du renouveau musculaire en France. Je fis confier la trésorerie à Ernest Callot, un aîné, qui joignait le culte des Lettres à celui des Sports et partageait nos vastes espérances, puis j'exposai mon plan qui était de compléter sans hâte, mais sans retard non plus, la façade du C.I.O. et d'imposer à ses membres l'armure d'une indépendance absolue en refusant l'accès de tout « délégué » de qui ou de quoi que ce fût et le versement de n'importe quelle « subvention » d'où qu'elle vînt.

« L'armure du pauvre », murmura Bikelas. Mais ils comprenaient parfaitement la nécessité d'agir ainsi si nous voulions assurer l'avenir d'une institution portant un nom illustre, mais dépourvue d'assises pratiques et encore fort incomprise de l'opinion. Parmi les deux mille auditeurs de l'*Hymne à Apollon*, il s'était trouvé plus d'artistes que de sportifs et la fin du Congrès s'était estompée dans l'émotion générale causée par l'assassinat du président Carnot.

Nous nous mîmes aussi d'accord sur le principe de l'égalité des sports. Déjà, pendant le Congrès, aux séances des 19 et 22 juin, j'avais dû intervenir pour empêcher les « sports accessoires » de se voir simplement attelés au char des « athletics », ce qui devait se renouveler souvent et longtemps.

Le reflet de ces importantes décisions se manifeste dans le numéro 2 du bulletin trimestriel dont je commençai aussitôt la publication. J'extrais de sa chronique les passages suivants : « On nous demande de bien préciser le caractère de notre entreprise.

Voici la réponse en quelques lignes... Notre pensée, en faisant revivre une institution disparue depuis tant de siècles, est celle-ci : L'athlétisme a pris une importance qui va croissant chaque année. Son rôle paraît devoir être aussi considérable et aussi durable dans le monde moderne qu'il l'a été dans le monde antique ; il reparaît d'ailleurs avec des caractères nouveaux ; il est international et démocratique, approprié par conséquent aux idées et aux besoins du temps présent. Mais aujourd'hui comme jadis, son action sera bienfaisante ou nuisible selon le parti qu'on en saura tirer et la direction dans laquelle on l'aiguillera. L'athlétisme peut mettre en jeu les passions les plus nobles comme les plus viles ; il peut développer le désintéressement et le sentiment de l'honneur comme l'amour du gain ; il peut être chevaleresque ou corrompu, viril ou bestial ; enfin on peut l'employer à consolider la paix aussi bien qu'à préparer la guerre. Or, la noblesse des sentiments, le culte du désintéressement et de l'honneur, l'esprit chevaleresque, l'énergie virile et la paix sont les premiers besoins des démocraties modernes, qu'elles soient républicaines ou monarchiques... »

Vers le milieu de l'été, le C.I.O. se trouva constitué par les acceptations de ceux qui avaient été désignés sans que j'eusse pu les pressentir. Le 4 septembre arriva de Christchurch celle de M. Cuff et le 15 celle du duc d'Andria, de Naples. Douze nationalités se trouvaient représentées ainsi au départ et le Comité avait mission de se compléter. C'était un « self-recruiting body », dans le genre du rouage directeur des régates de Henley. Mais il était déjà ce qu'il serait pendant trente ans — et ce qu'il est encore — composé de trois cercles concentriques : un petit *noyau* de membres travailleurs et convaincus ; une *pépinière* de membres de bonne volonté susceptibles d'être éduqués ; enfin une *façade* de gens plus ou moins utilisables, mais dont la présence satisferait les prétentions nationales tout en donnant du prestige à l'ensemble.

À l'automne, M. Bikelas partit pour Athènes, précédé par une quantité de lettres personnelles accompagnant les premiers numéros du *Bulletin*. Le 4 octobre, il m'écrivait à l'arrivée : « Depuis Brindisi jusqu'ici tous mes compatriotes me parlent des Jeux Olympiques avec joie ». C'est le sentiment qu'exprimait aussi le correspondant du *Temps* en Grèce. Le lendemain, nouvelle lettre. Bikelas a vu le président du Conseil, M. Tricoupis, et l'a trouvé « bien disposé », malgré qu'il eût « préféré » ne pas voir surgir cette affaire. Bikelas se propose de provoquer une réunion de la Commission du Zappeion, laquelle a sous sa juridiction non seulement le monument de ce nom, mais les ruines du Stade toutes voisines.

Entre-temps, j'amassais des documents en vue de la prompte rédaction d'un programme détaillé. Dès le 26 juillet, j'avais reçu de M. G. Strehly, professeur au Lycée Montaigne, à Paris, et gymnaste émérite, ses suggestions concernant les sports gymniques individuels (les seuls à considérer). Cette expression de sports gymniques s'appliquait à la barre fixe et à tous les agrès. Elle est la bonne. Aujourd'hui, après trente-cinq ans, je lutte encore pour l'imposer. Puis, Herbert avait envoyé de Londres les distances à adopter pour les courses à pied.

Étaient venues ensuite les propositions du Comité directeur de l'U. V. F. pour le cyclisme : c'étaient simplement une course de vitesse de 2 kilomètres, sans entraîneurs, et une course de fond de 100 kilomètres avec entraîneurs. Moins sage, la National Cyclist's Union d'Angleterre demandait, en outre de un mille, 10 km et 100 km. *a time race, say twelve hours.* Enfin, la Société d'Encouragement de l'Escrime avait élaboré, sur ma demande, un projet comportant des concours pour amateurs et pour professeurs (fleuret seulement, avec éliminatoires par poules).

Ces documents enfournés dans ma malle, je pris le rapide de Marseille et m'embarquai sur l'*Ortégal* à destination du Pirée, inquiet et joyeux — mais plus joyeux qu'inquiet — comme je l'ai toujours été à la veille de l'action. Sur mer je croisai la longue épitre pressentie par laquelle M. Étienne Dragoumis, député, président de la Commission du Zappeion, m'exposait, après le départ de Bikelas, qui avait dû quitter Athènes, les conclusions décourageantes auxquelles s'étaient arrêtés ses collègues et lui-même. En somme, il m'invitait courtoisement à ne pas venir et à renoncer à mon dessein olympique.

Notre arrivée nocturne au Pirée, la veillée sacrée sur le pont dans le silence auguste des choses, le débarquement à l'aube, aux soins de quelques jeunes enthousiastes qui allaient devenir tout de suite des amis, le pèlerinage au Stade presque informe : un immense talus dépouillé de sa parure marmoréenne avec, au fond, quelques débris, et le fameux passage par où, jadis, débouchaient les athlètes... Heures inoubliables et lumineuses. À peine installé à l'hôtel, je reçus la visite du chargé d'affaires de France, M. Maurouard, et, pendant qu'il était là, celle du chef du gouvernement, M. Tricoupis, qui, mettant de côté tout protocole, semblait pressé de prendre contact et peut-être de jauger ma capacité de résistance à sa pression, car il était d'ores et déjà résolu comme je l'ai su depuis, à faire obstacle à l'entreprise. C'est au point de vue financier qu'il affectait de se placer uniquement, bien qu'à mon avis ce ne fut pas le seul.

Il est de fait que la Grèce se trouvait alors en assez fâcheuse posture. Le ministre s'alarmait que les puissances créancières pussent prendre ombrage de « dépenses somptuaires » consenties alors que s'imposait une stricte économie afin d'arriver à faire honneur à des dettes restées impayées. J'objectai qu'il s'agissait de dépenses peu élevées. « Observez, examinez, me dit M. Tricoupis, en se retirant. Je suis convaincu que vous vous rendrez compte que la Grèce n'a pas les ressources nécessaires actuellement pour accepter la mission qu'on veut lui confier. »

Je fus plusieurs jours sans pouvoir monter à l'Acropole, ni rien voir d'Athènes. J'étais devenu un ballon de jeu entre deux équipes politiques. L'opposition, dirigée par M. Th. Delyannis, avait pris vivement parti pour les Jeux Olympiques. La presse était divisée en deux camps et apportait à sa dispute quelque acharnement. Je passais mon temps à faire des visites aux hommes politiques et aux journalistes, sous la conduite de mes nouveaux amis, Georges Melas, fils du maire d'Athènes, et Alexandre Mercati, fils du directeur de la Banque et camarade d'enfance du prince royal.

Le cocher du landau descendait de son siège et disait à Georges Melas avec la familiarité charmante d'alors : « Monsieur mon petit Georges, je vais t'expliquer comment ton ami doit s'y prendre avec Tricoupis. » J'étais vexé que mon grec de collège ne me servît à rien, grâce surtout à la prononciation qu'on nous avait apprise. Mais, alors, on parlait partout français. Mon étonnement était grand de trouver une Grèce si vivante, restée si semblable à elle-même, à la fois très antique et très moderne. Mon instinct ne m'avait pas trompé en m'inclinant fortement vers elle. Désormais j'étais certain de son avenir. Je garderais toujours en ses destins renouvelés une foi solide.

Cependant je ne rencontrais pas la personne dont j'aurais eu besoin comme cheville ouvrière. Bikelas, pendant son séjour, avait agi par son charme et son zèle, mais il m'avait laissé le soin de dresser l'échafaudage… Le roi étant en Russie, le prince royal était régent et cela le rendait un peu plus timide vis-à-vis d'un cabinet hostile. Cependant, au cours de deux longues conversations, j'avais acquis la conviction qu'il était résolument de notre côté. Après une enquête sur les ressources sportives d'Athènes, les terrains, la main-d'œuvre, je mis sur pied un projet de budget assez modeste, mais qui me semblait suffisant. Je crois, n'en ayant plus le tableau sous les yeux, qu'il devait se monter à 250 000 drachmes. Dans le Stade, bien entendu, il n'était prévu que des gradins en bois.

J'allai alors revoir M. Tricoupis et lui dire mon impression favorable. On l'y avait préparé. Il ne fit point d'objection, mais refusa la participation gouvernementale. Je lui demandai une « neutralité bienveillante ». Il la promit… non sans restriction mentale, sans doute. Je requis ensuite une salle au Zappeion qu'on ne pouvait me refuser.

Avec mes amis, dont la phalange grossissait, nous confectionnâmes des lettres de convocation à une séance qui se tint dès le 12 novembre et où l'assistance fut assez nombreuse. Heureusement j'avais déjà l'habitude de ces sortes d'assemblées imprécises qu'il faut tour à tour flatter, endormir et brusquer. Un Comité sortit de là dont le patronage préalablement obtenu du prince royal, avait empêché qu'on osât discuter le principe. Le colonel Mano, M. E. Scouloudis, député, ancien ministre, le commandant Soutzo, chef d'escadron de cavalerie, et M. Retzinas, maire du Pirée, furent élus vice-présidents ; M. Paul Skousés, trésorier ; MM. A. Mercati et G. Melas, secrétaires. La date des Jeux fut fixée du 5 au 15 avril 1896. Nous aurions, cette année-là, la chance d'une coïncidence de la Pâques grecque avec la Pâques occidentale. Le programme que j'avais apporté de Paris fut adopté. Quatre jours plus tard, le 16 novembre, je fis une conférence à la grande société littéraire, le Parnasse. La salle était comble. Si le parti Tricoupis ne cédait pas, l'opposition ne désarmait pas davantage. Je possède encore dans un numéro du *Romos*, le spirituel journal satirique rédigé en vers, une caricature amusante représentant MM. Tricoupis et Delyannis munis de gros gants de boxe et se battant à propos des Jeux Olympiques. Ce n'est pas sans inquiétude qu'après un mois de séjour je dus quitter Athènes par la voie de terre cette fois. La Société Panachaïque de Gymnastique me réserva, à Patras, un accueil enthousiaste. Un membre de son Comité avait été désigné pour m'accompagner à Olympie. Nous y arrivâmes tard le soir. Je dus attendre l'aube pour connaître les lignes du paysage sacré, dont j'avais tant de fois rêvé. Tout le matin j'errai dans les ruines. Je ne devais revoir Olympie que trente-et-un ans plus tard, lors de l'inauguration solennelle du monument érigé en commémoration du rétablissement des Jeux. Rentré à Patras, je gagnai, après une brève escale à Corfou, Brindisi et ensuite Naples où, reçu par mon nouveau collègue, le duc d'Andria, je fis, le 7 décembre, au Cercle Philologique, que présidait un député de renom, M. Borghi, une conférence qui me laissa l'impression d'un coup d'épée dans l'eau. Loin des harmonies de l'Hymne à Apollon et de la silhouette du Parthénon, l'évocation des Jeux Olympiques manquait de force, évidemment.

III

La première Olympiade (Athènes 1896)

Sitôt que j'eus quitté la Grèce, M. Scouloudis s'employa à abattre les fondements posés. Il convoqua trois fois chez lui les trois autres vice-présidents, leur persuada que mon budget ne valait rien, que les dépenses seraient énormes et les profits nuls... Ayant suffisamment ébranlé leur confiance, il annonça au reste du Comité que la dissolution s'imposait et qu'on allait s'en remettre à la décision de Son Altesse Royale.

Il se croyait sûr de cette décision, mais les choses se passèrent autrement qu'il ne l'avait prévu. Le prince royal reçut la délégation, mit le rapport sur sa table disant qu'il l'étudierait et congédia ces messieurs après leur avoir parlé de la pluie et du beau temps. Je crois qu'il n'hésita nullement. Son parti était pris. Je ne sais pas exactement, bien que tenu secrètement au courant de chaque détail, ce qui se passa entre le prince et le roi, au retour de celui-ci, mais certainement le roi dut apprécier que l'héritier du trône se trouvât placé à la tête d'une œuvre de pur et large caractère hellénique, car six mois plus tard, lui ayant rendu visite à Paris, où il était de passage, le roi me parla avec une fierté visible des qualités dont faisait preuve le prince royal dans l'organisation des Jeux.

Ces qualités furent réelles. J'admirai l'intelligence et le tact avec lesquels il sut manœuvrer et se tenir en équilibre dans une situation délicate ; mais, malgré tout, cette situation ne pouvait durer. M. Tricoupis n'en revenait pas qu'on eût ainsi passé outre à sa volonté formelle. Il saisit le prétexte d'un incident surgi au cours d'une grève pour mettre le roi en demeure de « choisir » entre son fils et son ministre. Le roi, avec calme et résolution, exprima ses regrets de la démission qu'on lui faisait pressentir. Tricoupis se retira très ulcéré. Il garda une réelle rancune aux Jeux Olympiques, si bien qu'aux approches de leur célébration, il partit pour Nice. Il devait y trouver une mort rapide et inattendue, dont la nouvelle parvint à Athènes au cours des Jeux, un soir de grande fête, parmi l'éclat des illuminations et des musiques.

Sans attendre le dénouement de la situation, le prince royal avait tout de suite réorganisé le Comité du 12 novembre, modifiant aussi peu que possible les rouages provisoires. Il s'adjoignit de nouveaux collaborateurs, parmi lesquels M. Delyannis, devenu Premier ministre, et M. Zaïmis, aujourd'hui président de la République. Il garda les deux secrétaires et les doubla de Constantin Mano et de George Streit, qui devait faire par la suite une carrière politique importante. Il plaça ses frères à la tête de commissions techniques et choisit, enfin, un secrétaire général en la personne de M. T. Philémon, ancien maire d'Athènes qu'il envoya de suite à Alexandrie visiter M. Averof et obtenir de lui les crédits nécessaires à la reconstruction du Stade en marbre, comme au temps de Périclès. Le temps pressait. Depuis le 23 juin 1894, des mois avaient été perdus par la faute de l'opposition. On était bientôt au printemps de 1895. Il restait à peine un an pour tout faire.

Le programme des Jeux de 1896 est inconnu de la plupart des sportifs d'aujourd'hui. Rien d'étonnant au bout de trente-sept ans ! Le voici tel qu'il parut en tête du numéro du Bulletin trimestriel du C.I.O. :

A. — SPORTS ATHLÉTIQUES : Courses à pied : 100 m., 400 m., 800 m. et 1.500 m. plat ; 110 m haies (règlements de l'Union Française des Sports Athlétiques).

CONCOURS. : sauts en longueur, en hauteur, à la perche. — Lancements du poids et du disque (règlements de l'A.A.A. d'Angleterre).

COURSE DE MARATHON.

B. — GYMNASTIQUE : individuelle : corde lisse en traction. — Barre fixe. — Anneaux. — Barres parallèles profondes. — Sauts au cheval. — Travail des poids.

Mouvements d'ensemble (équipes de dix).

C. — ESCRIME : assauts de fleuret, sabre et épée pour amateurs et pour professeurs (règlement spécial de la Société d'encouragement de l'escrime, de Paris).

LUTTE : romaine et grecque.

D. — TIR à l'arme de guerre, à la carabine et au pistolet (règlement en élaboration).

E. — YACHTING : Steam-yachts sur 10 milles (règlements du Cercle de la Voile, de Paris).

Voile (jauge et règlements de la Yacht Racing Association d'Angleterre) pour bateaux de trois, dix, vingt tonneaux maximum et au-dessus de vingt tonneaux. Distance : 5 et 10 milles.

AVIRON : un rameur, 2 000 m. sans virage, skiffs ; deux rameurs de couple sans virage, yoles et outriggers ; quatre rameurs de pointe sans virage, yoles (règlements du Rowing Club Italiano).

NATATION : Vitesse : 100 m. — Fond et vitesse 500 mètres. — Fond 1 000 m. — Water-polo.

F. — VÉLOCIPÉDIE : Vitesse : 2 000 m. sur piste, sans entraîneurs. — 10.000 m. sur piste, avec entraîneurs. — Fond : 100 km sur piste, avec entraîneurs (règlements de l'International Cyclist's Association).

G. — ÉQUITATION : manège, sauts d'obstacle, voltige, haute-école.

H. — JEUX ATHLÉTIQUES : Lawn-tennis, simple et double. (Règlements de la All England L. T. Association et du Marylebone Cricket Club.)

J'ai tenu à reproduire ce texte. On voit ce qu'il y a de vrai dans cette légende indéfiniment répétée, que les Jeux modernes consistèrent, au début, en simples concours d'athlétisme auxquels vinrent s'adjoindre par la suite des sports variés. Ce qu'il y a de vrai ?... pas un mot.

Ce programme, qui garda après la réorganisation du Comité la date originaire du 12 novembre 1894 (qui est la date de la réunion du Zappeion) présente sur un pied d'égalité les diverses catégories de sports : athlétiques, gymniques, nautiques, de combat, équestres... inscrites comme obligatoires dans la charte. Si j'ajoute, dès maintenant, que l'essentiel du protocole pour les cérémonies d'ouverture et de clôture, l'ascension au mât d'honneur, à chaque victoire, du drapeau national du vainqueur... datent de la même époque, on devra reconnaître que l'olympisme rénové s'est affirmé dès le principe avec son caractère intégral. C'est cet ensemble contre lequel une opposition forcenée, faite d'incompréhension pour la plus large part, d'ambitions et de jalousies déçues de l'autre, se dressa pendant plus de vingt années renouvelant sans cesse ses attaques de face ou de biais, pour finalement ne réussir qu'une seule fois — en 1900 — dans ses mauvais desseins et encore pas de façon à nous terrasser.

Le programme ci-dessus fut publié avec l'approbation du bureau du C.I.O., c'est-à-dire MM. Bikelas, Callot et moi. Bikelas se sentit épouvanté d'avoir à contresigner un document « émanant de son futur souverain ». Je l'exigeai absolument. C'était un tournant décisif et j'étais résolu à ne laisser passer aucune occasion d'affirmer la prépondérance du C.I.O. si frêle et peu prestigieux fut-il encore.

Durant les mois de janvier et février 1895, les lettres de Bikelas, revenu à Athènes, furent trihebdomadaires. Son zèle et son activité se dépensaient sans compter. Il servait d'agent de liaison. Un jour, il m'envoie la traduction d'un discours inaugural que prononcera le prince. « Veuillez le lire, la plume à la main. » Le lendemain, il m'annonce les premières souscriptions importantes. Puis les rouages établis et encore incertains, demandent eux-mêmes appui : des plans pour le vélodrome, la disposition des places au Stade, la formule d'invitation, des conseils pour la piste...

Cependant les blocs de marbre s'entassaient dans l'auguste enceinte ruinée, et au-dehors la propagande s'organisait. Des comités se formaient. En Hongrie, malgré qu'on fût tout occupé à préparer, pour cette même année 1896, la célébration du millénaire de l'État Magyar, on ne négligeait pas l'olympisme. Le comte Czaky m'avait fait tâter par Kemény à un moment où cela marchait mal à Athènes. Pourquoi ne pas inaugurer les Jeux Olympiques à Budapest pendant les fêtes ? Je me gardai de repousser ces avances, mais me bornai à m'en servir pour aiguillonner les Grecs.

Balck écrivait de Stockholm qu'il avait « bien travaillé », que le prince royal (le roi actuel) s'intéressait. « On est un peu inquiet, mais on fera le possible. » En même temps de Russie, le général de Boutowsky rendait compte de ses efforts. Il rencontrait « beaucoup d'indifférence » « Notre presse, dit-il, (2 février 1895), trouve la question de l'Éducation Physique peu digne d'avoir sa place dans un journal d'une certaine autorité. »

D'Angleterre les nouvelles étaient encourageantes. MM. Romanos, alors chargé d'affaires de Grèce, Constantin Manos, étudiant à Oxford, éveillaient des sympathies et recueillaient des fonds parmi la colonie grecque. Il n'était guère de pays avec lequel ne s'établit une correspondance souvent timide ou mal orientée, mais laissant place à quelque espérance. Tout cela, en général, passait par moi pour gagner Athènes, ce dont s'irritait fort M. Philémon. C'était un homme actif, avisé, bon administrateur je crois, mais de caractère jaloux et orgueilleux. Il se sentait encore incompétent et cela l'agaçait. Aussi, accueillit-il avec une satisfaction mal déguisée les déboires que j'éprouvais en France et surtout la tempête qui, un moment, souffla des bords de la Sprée.

À Paris, comme de juste, le gouvernement ignorait le mouvement bien qu'il en fût parti l'année précédente. Une subvention aux athlètes français pour aller à Athènes !... Quelle prétention ! Il nous fallut former nous-mêmes le comité français présidé par M. de Courcel et dont M. Fabens fut l'actif secrétaire. Après avoir accepté d'en faire partie, M. Mérillon, président de l'Union des Sociétés de Tir, se retira solennellement, « l'Union ayant décidé qu'il n'y avait pas lieu de participer à l'organisation ». L'étonnant c'est l'indignation dont témoignaient ses messages à ce sujet. « C'est presque incroyable, m'écrivait-il le 14 février 1895, que les organisateurs des Jeux

Olympiques aient pu s'imaginer que l'Union Nationale de France deviendrait *une annexe de leur comité* et que le tir allait être «une branche incorporée et *encastrée dans un ensemble de sports*». Je cite ces mots car ils dépeignent la bizarre méfiance qui régnait encore à l'égard du principe de la collaboration sportive dans des milieux pourtant éclairés. Cependant la cause du bon sens l'emporta pour finir et les athlètes français s'en vinrent au pied de l'Acropole où leur absence eût créé une sorte de scandale.

Ils savaient devoir y rencontrer les Allemands et ne s'en indignaient plus. Un groupement créé à Berlin par le Dr W. Gebhardt avec lequel j'étais en correspondance régulière cherchait à y intéresser ceux-ci et y réussissait lorsque vers la fin de l'année (1895) on reçut à Athènes d'une grande société gymnique d'Allemagne une lettre déclinant l'invitation d'abord acceptée. Le refus était basé sur une interview fantaisiste publiée dans un journal français et à laquelle je n'avais pas fait attention. Les propos que l'on m'y prêtait étaient déplacés au point que la protestation des Allemands en paraissait modérée et justifiée de tous points. Sitôt avisé je prévins Gebhardt, mais au même moment la *National Zeitung* reproduisit la lettre des gymnastes. Ce fut aussitôt dans la presse germanique une levée de boucliers. J'envoyai de suite un démenti et le communiquai à M. Rangabé, ministre de Grèce à Berlin qui m'en remercia en m'informant des mesures prises par lui pour donner à ce démenti «la plus large publicité». Il disait s'être arrangé «pour en faire remettre une copie au chancelier qui la placera sous les yeux de l'empereur», mesures nécessaires, «car l'irritation en Allemagne avait pris des proportions inquiétantes... Hier encore, ajoutait-il, j'ai reçu une cinquantaine d'articles de tous les coins de l'empire». L'irritation pourtant se calma vite et Gebhardt qui était intervenu de son côté avec fermeté réunit à Berlin une assemblée laquelle, éclairée par lui, le chargea à l'unanimité de m'exprimer par dépêche «ses sympathies et ses vœux pour la réussite de l'effort commun». Il eut la courtoisie de faire parvenir copie de ce message à l'ambassadeur de France, M. Jules Herbette.

Cela se passait le 16 janvier (1895). En Grèce, bien que l'Asty eût reçu dès le 1er janvier mon démenti et l'eût publié, M. Philémon affectait de croire à l'authenticité de l'interview. J'ai su depuis par Gebhardt qu'il en avait profité pour tenter de supprimer le C.I.O. «rouage temporaire qui n'a plus sa raison d'être». Le chroniqueur du *Temps,* dans sa lettre de Grèce du 12 janvier, raconte l'agitation produite par l'incident dans toute la Grèce. Lâché par l'opinion allemande, Philémon dut abandonner son noir dessein. Il ne se décida que le 7 février, apostrophé par moi, à me télégraphier que le comité hellène « n'avait jamais cru » aux propos mis dans ma bouche. Il était un peu tard pour que cette assertion me convainquît.

L'heure enfin sonna où dans le stade restauré et resplendissant de blancheur, la foule fut admise à pénétrer et où le roi Georges scella le rétablissement des Jeux Olympiques en prononçant la formule sacramentelle : « Je proclame l'ouverture des Jeux de la première Olympiade de l'ère moderne ». Aussitôt le canon tonna, un lâcher de pigeons emplit le stade de ses vols joyeux, des chœurs entonnèrent la belle cantate composée par l'artiste grec Samara et les concours commencèrent. L'œuvre entrait dans l'histoire. « All that is your work », me dit Gebhardt avec lequel nous parlions toujours anglais... Le groupe formé par le C.I.O. aux côtés du prince royal représentait la pérennité de l'entreprise et le caractère international que j'étais résolu à maintenir sans défaillance. En face se dressait le nationalisme populaire grisé par la pensée de voir Athènes en devenir le siège permanent et recevoir tous les quatre ans ce flot de visiteurs flatteur et avantageux.

J'ai décrit ailleurs les pompes de ces premiers Jeux, les difficultés et les déboires techniques, l'enthousiasme des spectateurs, les intrigues souterraines, le découragement de certains de mes collaborateurs, l'initiative royale enfin revendiquant pour la Grèce le monopole de l'olympisme rétabli... Et, volontiers, j'eusse cédé moi aussi si je n'avais pas réalisé avec une certitude absolue le caractère impratique et voué à l'échec final, d'un pareil plan. À aucun point de vue, Athènes n'aurait les moyens de renouveler indéfiniment de quatre en quatre ans un semblable effort auquel était nécessaire le rajeunissement périodique du cadre et des ressources. Mais allez donc faire entendre la voix de la raison à une opinion déchaînée, à un peuple qui se retrouvait tout à coup devant une vision vivante empruntée à son plus glorieux passé. Le monde grec avait tressailli tout entier à ce spectacle. Une sorte de mobilisation morale s'opérait. N'avait-on pas vu jusqu'aux moines du Mont Athos, alors séparés de la mère-patrie par une frontière douloureuse, envoyer leurs souscriptions pour la célébration des Jeux. Et tandis qu'à l'étranger le rétablissement des Olympiades n'était encore qu'un brillant et pittoresque fait-divers, il exerçait sur la mentalité hellénique l'effet du cordial le plus puissant. Si bien que lorsqu'une année plus tard la guerre gréco-turque devait éclater pour la libération de la Crète, on accuserait les Jeux d'y avoir grandement contribué et d'avoir servi de paravent à la préparation de cette belliqueuse initiative en groupant à Athènes pour des pourparlers exaltés des délégations des colonies grecques du dehors. Il n'y eut pas grande part de vérité dans ces accusations. Tout au plus peut-on dire que les fêtes hâtèrent un peu un mouvement antérieurement préparé par la force même des choses. Ce n'était pas la première fois que les Crétois revendiquaient les armes à la main leur liberté. Et leur cause avait pour elle toute la force qu'apporte la justice puisque malgré la défaite écrasante que subirent cette fois-là les armes grecques, il en résulta quand même une amélioration dans la situation crétoise et l'instauration d'un régime qui préparait l'autonomie complète et la future réunion à la Grèce.

Quoi qu'il en soit, ces conséquences politiques ne devaient pas rendre les gouvernements européens très favorables à l'olympisme rénové. Le rôle du C.I.O. ne s'en trouvait pas facilité : le mien surtout. La deuxième Olympiade s'annonçait mal. Mes collaborateurs décontenancés, l'opinion hellénique tout entière dressée contre l'exécution du plan « circulatoire »... j'étais plus solitaire qu'auparavant et réduit, plus encore qu'au temps où je préparais les congrès de 1894, à ne compter que sur soi-même.

Il fallait avant tout tenir tête au roi, dont le discours prononcé au banquet final, où assistaient tous les athlètes, m'avait placé en face du dilemme fameux : se soumettre ou se démettre. J'étais d'ores et déjà décidé à ne faire ni l'un ni l'autre. Mais, d'autre part, la résistance en une semblable circonstance n'était guère aisée. Je me décidai à faire l'imbécile, l'homme qui ne comprend pas. J'affectai d'ignorer le discours royal sous prétexte d'une variante ; prononcé à moitié en grec, à moitié en français, il ne répétait pas la proposition de fixer à Athènes le siège permanent des Jeux dans des termes identiques. J'ignorai également l'adresse que l'on avait fait signer aux athlètes américains dans ce même sens appuyant l'initiative du souverain. De tout cela la presse faisait grand bruit, mais j'étais le sourd qui ne veut rien, donc ne peut rien entendre. Et le soir même de la clôture des Jeux, j'adressai au roi une lettre publique pour le remercier ainsi que la ville d'Athènes et le peuple grec de l'énergie et de l'éclat avec lesquels, par leur protection et leur action, il avait été répondu à l'appel de 1894. J'y spécifiai nettement la continuation de l'œuvre et la pérennité du Comité international par l'allusion aux Jeux de la deuxième Olympiade qui seraient célébrés à Paris... La lettre était brève. Sa publication en allemand et en anglais étant assurée en même temps que paraîtrait le texte français, il devenait indifférent que le texte grec en fût également publié. Les formes, bien entendu, étaient sucrées selon les exigences du protocole, mais l'acte n'en était pas moins d'une rare insolence. Parmi les membres du comité, où dominait le monarchisme, on s'alarma, car je n'avais rien demandé ni soumis d'avance à mes collègues. Philémon se voila la face. Qu'allait-il advenir ?... Je n'étais pas très rassuré. Cependant rien ne se produisit. Le C.I.O. traversa l'épreuve sans démissions ni fissures. Le prince royal, qui, du reste, comprenait parfaitement l'impossibilité de monopoliser les Jeux au profit d'Athènes, n'emboîta point le pas derrière le roi, auquel Philémon avait, en somme, fait prendre une initiative inconsidérée. Ainsi passa la crise et la IIe Olympiade, l'olympiade parisienne s'installa sur l'horizon. Malheureusement s'il y avait un endroit au monde où l'on s'y montrât indifférent, c'était avant tout Paris...

Techniquement ces premiers Jeux Olympiques n'avaient rien eu de sensationnel. Les performances n'avaient, bien entendu, abattu aucun record ni dépassé les résultats attendus. Tout l'acquis, le nouveau de la chose résidaient dans le fait de la coopération des différents sports, mais cela était énorme car tout un avenir en découlerait. Quand je dis que rien de sensationnel ne s'était produit, il en faut excepter la course de Marathon. Issue de l'initiative d'un membre illustre de l'Institut de France, M. Michel Bréal, qui, dans son enthousiasme, m'avait écrit le lendemain du rétablissement des Olympiades qu'il donnait une Coupe pour cette épreuve, la course de Marathon dépassait les audaces de l'époque. C'était une distance énorme — entre 42 et 44 kilomètres — et propre à être jugée déraisonnable même par les techniciens. Nous avions hésité à créer une telle épreuve bien qu'elle fût dotée si glorieusement dès avant sa naissance, mais il n'était guère possible, le mot prononcé, d'éviter la chose. Les Grecs avaient peu de coureurs. Nul de nous ne pensait que le vainqueur serait l'un d'eux et surtout un « improvisé ». Spiridion Louys était un magnifique berger vêtu de la fustanelle populaire et étranger à toutes les pratiques de l'entraînement scientifique. Il se prépara par le jeûne et la prière et passa, dit-on, la dernière nuit devant les icônes parmi la clarté des cierges. Sa victoire fut magnifique de force et de simplicité. À l'entrée du stade où s'entassaient plus de soixante mille spectateurs il se présenta sans épuisement et quand les princes Constantin et Georges, par un geste spontané, le prirent dans leurs bras pour le porter jusqu'au roi debout devant son trône de marbre, il sembla que toute l'antiquité hellénique entrait avec lui. Des acclamations inouïes montèrent. Ce fut un des spectacles les plus extraordinaires dont je me souvienne. J'en conservai l'empreinte en ce que dès lors, je fus persuadé que les forces psychiques jouaient en sport un rôle bien plus effectif qu'on ne leur attribue ; d'autres expériences ont confirmé cette conviction en moi depuis 1896, mais la science médicale aidant, une telle vérité demeure obscurcie et l'on n'en déduit pas encore les conséquences pratiques.

Ce n'est pas qu'il faille pour cela négliger les données scientifiques de l'entraînement et à Athènes même la preuve en fut fournie par un second épisode. L'Université américaine de Princeton, où enseignait mon ami W. Sloane, avait envoyé cinq athlètes de choix. L'un d'eux, Robert Garrett, qui n'avait jamais lancé le disque, s'éprit de cet exercice et y réussit tellement bien du premier coup qu'il me communiqua son désir de s'inscrire pour l'épreuve olympique. Il craignait que ce ne fût jugé « prétentieux et ridicule ». Je l'encourageai. Il s'y comporta au point de remporter un prix ! Il le dut à la perfection de sa préparation corporelle générale. Peu d'années auparavant, j'avais vu un jeune Canadien, non cavalier, prendre ainsi rang en tête des gagnants d'un concours de voltige. Ainsi à côté de la valeur du psychisme s'affirmait celle de l'entraînement méthodique général : données fécondes propres à éclairer la route future.

Cependant, à travers les provinces et les îles grecques, les petits garçons au sortir de l'école s'amusaient à « jouer aux jeux olympiques ». Après avoir pour rire couru, sauté, lancé quelques cailloux, ils se formaient en procession et le plus grand d'entre eux devenu grave remettait aux autres une branche d'olivier. Ce geste symbolique accompli de nouveau à Athènes, après tant de siècles écoulés, leur rendait un contact inconscient avec leur grand passé vaguement pressenti. Ce jeu poétique dans les campagnes divines de Corfou fut ma dernière vision de la première Olympiade. Maintenant il fallait travailler pour lui assurer une progéniture.

IV

Le Congrès Olympique du Havre (1897)

Pourquoi Le Havre ? On n'en revenait pas. Qu'est-ce que le grand port normand avait à faire avec l'olympisme ?

Dès son retour d'Athènes, le docteur Gebhardt avait exprimé le vœu qu'une prochaine assemblée du C.I.O. se tînt à Berlin. MM. Bikelas, Kemény et Guth étaient d'accord, disait-il. Mais je m'étais bien gardé de les consulter et avant l'été j'engageai des pourparlers avec la municipalité havraise. Rien n'eût été plus imprudent que d'assembler le C.I.O. seul, en pleine lumière, dans une grande capitale. Comme on demandait naguère à une jeune fille encore très jeune et qui est aujourd'hui la femme d'un écrivain connu, si « elle avait beaucoup dansé cette saison », elle avait répondu avec une jolie moue : « Mes parents ne me trouvent pas encore au point. Ils ne me *sortiront* que l'année prochaine. » J'étais à l'égard du C.I.O. exactement dans le même état d'esprit. Je ne le trouvais pas assez au point pour le *sortir*. Son faible contingent, son absence de ressources matérielles, surtout son caractère de porte à faux ne pouvant s'appuyer ni sur des forces administratives, ni sur des forces techniques régulièrement constituées ou reconnues m'interdisaient une telle imprudence. D'un autre côté, je jugeais plus important que jamais de préserver son indépendance absolue en ne l'inféodant à aucun pouvoir protecteur. Il ne fallait pas compromettre la victoire remportée à Athènes, mais pas davantage s'en exagérer la portée.

Jusqu'alors, j'avais toujours vécu une bonne partie de l'année en Normandie : parenté, foyer, intérêts politiques éventuels, tout m'avait rattaché à ce berceau de ma famille. Il m'était donc plus aisé d'y trouver un point d'appui qu'ailleurs. Le chef de l'État français élu l'année précédente, après la démission inattendue du président Casimir-Périer, était un Havrais et sa cité d'adoption était restée sa résidence estivale. J'étais certain de l'intéresser à l'entreprise.

À Athènes, on n'avait fait pour ainsi dire que de la technique habillée d'histoire ; ni congrès, ni conférences, aucune préoccupation morale ou pédagogique apparente. Se tourner de ce côté au lendemain des Jeux, c'était rappeler le caractère intellectuel et philosophique de mon initiative et placer d'emblée le rôle du C.I.O. très au-dessus de celui des simples groupements sportifs. Sans donc tenir compte des objections qui m'étaient faites, je persistai dans mon projet havrais et m'assurai d'abord l'hospitalité de l'Hôtel de Ville et la collaboration de deux amis dévoués : le Père Didon, prieur du collège d'Arcueil, et Gabriel Ronvalot, célèbre par sa traversée de l'Asie centrale. Ils comptaient alors parmi les orateurs les plus en vogue. Un programme élastique fut rédigé, permettant d'aborder un peu tous les problèmes, d'en sortir et d'y rentrer. Voici ce programme :

PÉDAGOGIE

De la psychologie des exercices physiques ; particularités propres à chacun d'eux.

De la distinction entre les jeux libres et les exercices commandés ; avantages et inconvénients des uns et des autres.

De l'action morale des exercices physiques sur l'enfant, sur l'adolescent ; influence de l'effort sur la formation du caractère et le développement de la personnalité.

De l'organisation des exercices physiques dans les lycées et collèges ; les élèves peuvent-ils les organiser et les diriger eux-mêmes, et de quelle façon ? Conséquences de l'indépendance laissée aux élèves. Rôle de l'autorité.

HYGIÈNE

De la physiologie des exercices physiques ; règles propres à chaque forme d'exercice.

De l'enseignement de l'hygiène dans les lycées et collèges ; programme de cet enseignement.

Du vêtement.

De l'hydrothérapie envisagée comme complément de l'exercice physique ; sous quelle forme elle doit être employée.

SPORT

De la question des prix en espèces et de la définition de l'amateur.

De l'organisation des concours internationaux ; périodicité et conditions générales.

De la création d'une Union olympique universelle et d'un « Bulletin olympique universel ».

De la renaissance et du développement des exercices physiques au XIXe siècle ; historique de ce mouvement dans les différents pays du monde.

La partie sport fut à peine effleurée ; elle était là pour la forme. Les projets d'une Union olympique universelle et d'un Bulletin en plusieurs langues avaient été insérés pour plaire à notre collègue hongrois F. Kemény qui, parfois, voyait grand. La participation du recteur de l'Académie de Caen, du préfet de la Seine-Inférieure, du sous-préfet du Havre, d'un assez grand nombre de délégués étrangers rehaussa le prestige des discussions. Le chef de l'État reçut en deux journées à sa villa de la Côte les membres du congrès, en l'honneur desquels furent données des fêtes assez réussies.

Ce fut au cours d'une des séances publiques, tandis que le Père Didon, dans la grande salle de l'Hôtel de Ville, soulevait l'enthousiasme d'une nombreuse assistance par une de ces harangues enflammées dont il avait le secret, que me parvint la carte d'un délégué retardataire, le Révérend de Courcy Laffan, headmaster du collège de Cheltenham et représentant de la Conférence des headmasters anglais. L'ayant salué et invité à prendre place aux premiers rangs, nos regards se croisèrent et se pénétrèrent. C'était un homme encore jeune, svelte, avec un visage d'une rare finesse. Dans tout son être se révélait un équilibre parfait de l'intelligence, de la force et de la sensibilité. Il venait de débarquer du bateau de Southampton. Lorsque le Père Didon eut fini, trop vite au gré de l'auditoire, la discussion s'ouvrit, mais personne ne se souciait de prendre la parole après lui. Alors, je songeai qu'un petit discours en anglais romprait la glace et tout en m'excusant de mon indiscrétion, je priai le headmaster de Cheltenham de dire quelques mots. Sans hâte, comme sans hésitation, aussi modeste que sûr de lui, M. Laffan se leva, et dans un français de la plus complète pureté, avec une mesure et un choix d'expression tout à fait inattendus, il exposa sa thèse sur l'emploi moral de la force sportive. Ses idées concordaient avec celles du Père Didon, mais la forme était si différente, d'une élégance sobre et raffinée à la fois que le contraste porta les auditeurs à un nouveau diapason d'enthousiasme et fit de cette séance une vraie concertation d'éloquence française. Pour moi, je ne doutais pas qu'un nouveau collaborateur et des plus précieux me fût tombé du ciel. Laffan, chez qui le celtisme fondamental hérité de ses ancêtres irlandais entretenait une certaine tendance mystique, m'a dit depuis que, dès ce premier jour, il se sentit « appelé » à servir la cause olympique de tout son pouvoir. En effet, il devait lui rester fidèle jusqu'au bout de sa vie. Et l'amitié qui nous lia fut profonde et stable.

Le congrès du Havre dut se passer du concours de la Grèce. En Grèce, on se battait pour l'émancipation crétoise et le légitime redressement des frontières, mais le destin se montrait hostile. Amis et ennemis occupés au service de la patrie ne tournaient pas les yeux vers la Normandie. Aussi, l'Hellénisme qui avait pénétré l'atmosphère du Congrès initial de 1894 s'effaçait ici devant l'influence britannique, plus proche. C'est Arnold, sur qui l'on s'appuyait plus ou moins consciemment. À vrai dire depuis dix ans, que je cherchais à implanter en France ses doctrines, je trouvais au principe qui les portait une clarté et une force si grandes que je m'étonnais de sentir le monde moderne lent à comprendre. Cette fois encore, il ne parut pas y avoir grand progrès sur ce point, malgré le triple appui du Père Didon, de Laffan et de Bonvalot. Dans le sein même du Comité, tous n'étaient pas satisfaits. Balck trouvait qu'on perdait son temps et que les sujets traités étaient « sans rapport avec nos travaux ». Un instant, il voulut même démissionner. Ce fut la seule et passagère défaillance de sa fidélité. D'autres pensaient avec lui qu'à se mêler de tout, nous risquions d'éparpiller nos forces. Je croyais exactement le contraire et qu'à faire ainsi le caméléon, le C.I.O. se rendrait plus agissant et plus insaisissable, moins vulnérable par là aux blessures. Or, une bataille était proche que je sentais plus redoutable que la précédente, de manœuvre plus imprécise et d'issue plus incertaine encore.

V

La deuxième Olympiade (Paris 1900)

Onze ans plus tôt j'avais trouvé près des trois directeurs de l'Exposition Universelle de 1889, principalement de MM. Georges Berger et Alphand, une compréhension si rapide, un sens si pratique, des procédés si libéraux que j'avais escompté naïvement pareil appui pour 1900. Ce qu'ils avaient alors consenti pour l'œuvre naissante de la diffusion en France des sports scolaires, pourrait-on en 1900 le refuser à une entreprise telle que la résurrection olympique après la réalisation athénienne et le mouvement de presse qu'elle avait déterminé ? Mais la dictature unique avait remplacé le souple triumvirat, et comme beaucoup d'hommes remarquables, le commissaire général de 1900, M. Alfred Picard, détestait « prendre la suite » d'une idée. Notre unique entretien datait de loin, soit du 30 janvier 1894 ; il était donc antérieur de quelques mois au rétablissement des Jeux Olympiques. Tout de suite, la pensée de faire entrer la *deuxième* Olympiade dans l'Exposition Universelle de Paris lui avait déplu et non moins celle, connexe, d'une section sportive distincte, à la fois actuelle et rétrospective : projet dont je l'avais saisi le même jour et qui portait ma signature et celle de M. G. Strehly, professeur au lycée Montaigne, helléniste et gymnaste renommé. Le projet comportait l'édification dans l'enceinte de l'Exposition ou ses annexes d'une restitution de l'Altis d'Olympie. Dans l'intérieur des monuments eussent été groupés tous les objets et la documentation concernant les sports, aussi bien ceux de l'antiquité que du Moyen-Âge ou des temps modernes. M. Picard, tout en nous assurant de sa sympathie, avait « classé » le projet dans son cerveau en attendant qu'il le fût dans ses cartons. Nous ne reçûmes jamais la convocation annoncée, et lorsque, au bout de trois ans, parut la classification officielle de l'Exposition, les sportifs s'aperçurent avec quelque ahurissement que le patinage était dans la coutellerie, l'aviron dans le sauvetage, les sociétés de sport dans la prévoyance sociale, etc. Bien avant cela, j'avais compris qu'il n'y avait, pour les Jeux Olympiques, rien à attendre de M. Alfred Picard, près de qui du reste M. A. Ribot, ancien président du Conseil, avait fait une vaine démarche en leur faveur.

Cela étant, je m'étais résolu à organiser les Jeux de 1900 en dehors de toute ingérence administrative par le moyen d'un comité privé dont le vicomte de La Rochefoucauld avait accepté non seulement d'exercer la présidence active, mais d'installer à l'Hôtel de La Rochefoucauld, rue de Varennes, à Paris, les bureaux. Le projet était en apparence des plus téméraires. Dans la réalité, il l'était beaucoup moins. Mon raisonnement avait été celui-ci : l'administration de l'Exposition prétend organiser, selon l'admirable pléonasme qu'un rond-de-cuir avait inventé, des « Concours d'Exercices physiques et de sports ». Elle ne peut qu'échouer et, en tous cas, tant par le cadre choisi (Vincennes) que par la multitude des commissions et sous- commissions et l'énormité du programme (on y prétendait insérer le billard, la pêche à la ligne et les échecs), ce ne pourra être qu'une sorte de foire cahotique et vulgaire : exactement le contraire de ce que nous désirons pour les Jeux Olympiques. Aux participants, en effet, nous devons chercher à donner ce qu'ils ne peuvent trouver ailleurs. Ils sont entrés en contact à Athènes avec l'antiquité la plus pure. Paris doit leur présenter la vieille France avec ses traditions et ses cadres raffinés. La foule aura les concours et les fêtes de l'Exposition et nous ferons, nous, des Jeux pour l'élite : élite de concurrents, peu nombreux, mais comprenant les meilleurs champions du monde ; élite de spectateurs, gens du monde, diplomates, professeurs, généraux, membres de l'Institut. Pour ceux-là, quoi de plus ravissant, de plus délicat qu'une garden-party à Dampierre, une fête de nuit dans la rue de Varennes, des excursions à Esclimont ou à Bonnelles ?

Là, du reste, ne se bornaient pas nos ressources. Il fallait un commissaire général qui fût la cheville ouvrière de l'affaire. J'avais obtenu de Robert Fournier-Sarlovèze qu'il acceptât ce poste, escomptant son énergie et son intelligence souple et pratique. Avec lui venaient la Société de sport de Compiègne, ses beaux terrains, sa pléiade de membres aimables et zélés. Les sports athlétiques, courses à pied et concours seraient confiés au Racing Club en hommage de gratitude pour l'appui donné par ce cercle lors de l'éclosion des sports scolaires. Pour la même raison, le football appartenait de droit au Stade Français. Ainsi, les deux clubs fondateurs de l'U. S. F. S. A. seraient à l'honneur, après avoir été à la peine. La Société d'Encouragement à l'Escrime promettait son appui ; d'autres encore offraient le leur...

Pour bien saisir comment un tel plan n'avait rien d'irréalisable, il faut que le lecteur fasse un effort d'imagination et se représente l'état des choses il y a trente ans. En ce temps-là rien n'était plus malaisé que de grouper de nombreux spectateurs autour d'une réunion sportive. L'attraction demeurait faible. Seuls, les vélodromes attiraient parfois des foules. Lorsque, quelques années plus tôt, le Racing Club avait reçu la visite de la belle équipe du Manhattan Athletic Club de New York, c'est à peine si on avait réussi à couvrir les deux tiers des frais au moyen des entrées. L'année suivante, le premier match anglo-français de football joué en France avait abouti à un déficit assez coquet malgré qu'il fût présidé par le nouvel ambassadeur de France, le célèbre lord Dufferin. Et lorsque, peu après, le premier match à huit rameurs, couru à Andrésy, contre le London Rowing Club, se fût terminé, à la courtoise mais profonde stupeur de nos hôtes, par une victoire française, l'opinion n'y attribua guère d'importance. Que voulez-vous ? Le sport, selon le mot d'un universitaire, était une « récréation » et ne devait rien être d'autre. L'opinion suivait encore l'ornière...

La première réunion du Comité organisateur des Jeux Olympiques de 1900 se tint à l'Hôtel de La Rochefoucauld. Elle fut très satisfaisante. Le Comité comprenait une quarantaine de membres, dont dix-huit étaient désignés comme commissaires et placés en cette qualité à la tête des différents sports. Parmi ceux-là, il y avait Marius Dubonnet et Ed. Caillat pour l'aviron, Bruneau de Laborie pour la boxe, Hébrard de Villeneuve et le comte Potocki pour l'escrime, Jacques de Pourtalès pour le golf, Jean de Bellet pour le tennis, etc. Le programme était celui d'Athènes rétabli dans les lignes primitives, c'est-à-dire avec addition de la boxe et du polo et un peu amplifié dans certains détails pour les autres sports. Le tir était laissé de côté mais le tir à l'arc était ajouté. Un prix d'alpinisme était créé pour l'ascension la plus remarquable accomplie sur un point quelconque du globe depuis les Jeux de 1896.

La presse — celle de droite, surtout, mais aussi celle de gauche — fit bon accueil à l'initiative. Les sportifs indépendants parurent satisfaits. Dès le 16 juin 1898, Henri Desgrange mettait le vélodrome du Parc des Princes à notre disposition, puis Giffard se chargeait des concours de natation et Pierre Laffite offrait sa *Vie au Grand Air* comme organe officiel. M. Molier parlait d'une représentation de gala à son fameux cirque et le comte Potocki d'un carrousel donné par la société équestre L'Étrier. Au-dehors, on avait été tenu longtemps dans l'expectative concernant les projets officiels. On prit aussitôt confiance. On se mit à la besogne. Des lettres de M. de Bousies, du général de Boutowsky annoncèrent des créations de comités en Belgique et en Russie ; et d'Australie, L. A. Cuff promit « a powerful team ».

Nous allions commencer à nous occuper du logement des athlètes, principalement au moyen de camps bien situés et aménagés (les athlètes n'étaient pas si difficiles dans ce temps-là), lorsque la bombe éclata. On me jugera bien naïf de ne l'avoir point prévue. Et je pensais que les fédérations dont on appliquerait les règlements et auxquelles on confierait la formation des jurys et la direction des concours recevraient par là une suffisante satisfaction pour les intéresser à l'entreprise. Et les décorations, bon dieu ! J'avais oublié les décorations. En France, quelle folie ! à moins de créer nous-mêmes un « ordre international », nous n'avions pas le moindre ruban vert, jaune ou violet à distribuer. Impossible d'ailleurs d'escompter une « promotion » olympique encartée dans la distribution des récompenses de l'Exposition.

L'agitation se propagea. Déjà Ed. Caillat m'avait prévenu que « la Fédération Française d'Aviron criait comme un putois ». On dénonçait à l'Hôtel de Ville la réunion « de comtes et de marquis » qui siégeait rue de Varennes. Le 9 novembre 1898, l'U.S.F.S.A. vota un ordre du jour de rupture, malgré les efforts de notre collègue du C.I.O., Ernest Callot, qui, dès la veille, nous avait avisés de l'échauffement des esprits. L'U.S.F.S.A. traversait une crise intérieure provoquée par certaines ambitions que je n'ai pas à juger ici. La répercussion de ce geste fut, du reste, assez faible. L'organisation officielle des concours de l'Exposition ne progressait pas et personne ne faisait confiance au Commissariat général à cet égard. Nos difficultés se trouvaient accrues ; elles n'en étaient pas devenues insolubles. À l'étranger, on ne connaissait que le « Comité La Rochefoucauld ». Une complication était née d'une intervention américaine fort inattendue. Le colonel H... avait débarqué à Paris, porteur d'un projet d'organisation d'une Exposition sportive dépendant du Commissariat des États-Unis ; il y aurait des terrains de jeux, des concours... de façon à « enseigner aux autres nations ce que c'était que le vrai sport ». Rien de plus déplacé qu'une telle initiative. Malheureusement, le Commissariat américain paraissait l'encourager et M. Picard (chose inattendue) s'y montrait favorable. Je me gardai de toute attitude hostile. J'eus, du reste, avec le colonel, pendant près d'une année, des rapports très courtois. Son projet ne me semblait pas viable. Pas besoin de s'y montrer contraire, mais il ne faisait qu'ajouter à la confusion générale. Du côté de l'Exposition, rien ne se dessinait. « Toute compétence est suspecte, me faisait-on savoir confidentiellement, et il n'y a que les scribes du Commissariat qui, à *ses* yeux (du commissaire général), aient les qualités requises pour bien organiser les épreuves sportives ». Enfin, on se décida le 19 février 1899 à désigner Daniel Mérillon comme directeur général des fameux concours. Ce n'était pas tout à fait l'homme qu'il eût fallu, mais c'était « quelqu'un ». Les petits froissements relatés plus haut n'atténuaient pas la cordialité de nos rapports. Il m'apparut qu'avec lui on pourrait s'entendre et, sans fusionner les deux groupes, les associer pour en extraire une célébration décente de la IIe Olympiade. M. Ribot fit une nouvelle démarche, mais se heurta à l'opposition irréductible de M. Alfred Picard envers les Jeux Olympiques qu'il traitait d'« anachronisme ».

Sur ces entrefaites, Charles de La Rochefoucauld fut inquiété par une sourde campagne dont je n'ai jamais voulu approfondir les dessous parce que je craignais d'y découvrir l'action d'un ami qui s'en serait trouvé diminué à mes yeux. Certaines rivalités mondaines sont parfois excusables sans être pour cela plus reluisantes. Toujours est-il que le 22 avril la séance fut soudainement orageuse et se termina en coup de tête par une démission sensationnelle. On pouvait trouver un autre président ; il y en avait un à portée. Quant à notre secrétaire général Fournier-Sarlovèze, il n'était pas de ceux que l'on désarçonne facilement. Mais je mesurai les aléas soudainement agrandis, le peu de temps qui restait, l'inconvénient de paraître divisés nationalement dans une circonstance internationale. Il eût fallu consulter le C.I.O. Le temps manquait. Je laissai donc le Comité d'organisation voter sa propre dissolution. Il me donna mandat d'écrire à M. Mérillon dans les termes que je jugerais préférables. Je prévins ce dernier à titre privé et il me remercia de suite par un billet très chaleureux. Nous nous mîmes ensuite d'accord sur les termes d'une lettre officielle que je lui adressai le 15 mai. Plusieurs mois s'étaient écoulés depuis sa désignation, mais là s'était bornée, semblait-il, l'activité du Commissariat. Mérillon, lui, ne restait pas inactif. Il avait proposé un certain nombre de mesures jugées essentielles, mais nulle réponse n'y avait été faite. J'ai de lui une lettre où il me fait part de son irritation et raconte qu'il a menacé de se retirer s'il n'était pas immédiatement donné suite à ses propositions — puis une autre, joyeuse : tout est signé. On va pouvoir *enfin* se mettre au travail. Enfin !... En réalité, il était déjà trop tard.

Le 5 juin 1899, nous avions eu chez lui un entretien. M. Bikelas, le comte Brunetta d'Usseaux, entré l'année précédente au C.I.O. et moi. Mérillon était principalement préoccupé de l'étranger où les comités constitués pour l'Exposition ne pouvaient être d'aucun secours et où il éprouvait que seuls nos collègues le tireraient d'embarras. Il m'avait prié de leur adresser une circulaire, ce que j'avais fait aussitôt. Je lui proposai même de profiter d'un prochain voyage dans les pays centraux et septentrionaux pour activer les efforts des membres du C.I.O. Ce voyage avait pour but de recueillir des documents en vue d'une série d'études sur « L'Avenir de l'Europe», promises à *l'Indépendance Belge,* et qui y parurent en effet dès l'automne. M. Mérillon aurait voulu me voir étendre mon voyage de façon à y comprendre le plus de pays possible et à en faire largement bénéficier l'entreprise dont la responsabilité lui incombait, mais M. Picard lui refusa, pour cela, tout crédit. J'assurai Mérillon que là où je passerais, je n'en servirais pas moins sa cause avec d'autant plus de ferveur qu'elle était aussi la mienne, du moment que « les Concours de l'Exposition tenaient lieu de Jeux Olympiques» : formule pauvre et pesante à laquelle nous avions dû nous arrêter en attendant d'y pouvoir peu à peu substituer quelque chose de plus élégant et raisonnable.

Ma première escale fut Berlin. Au cours d'un séjour de quelque durée, je pus, sans nuire à l'étude d'un autre ordre que je poursuivais, observer l'état d'esprit des dirigeants sportifs. Il n'était pas excellent. Le gouvernement impérial pourtant marquait beaucoup d'intérêt à l'Exposition de Paris et en donnait des preuves tangibles. De fait, la section allemande devait être l'année suivante un des «clous» du Champ-de-Mars et aider grandement à l'espèce de détente qui s'affirmait entre les deux pays. En 1899, on semblait encore loin d'une telle situation. Une réunion se tint au Palast par les soins du commissaire général allemand qui me convia ensuite à un lunch. Le lunch fut « froid», parce qu'il succédait à une séance épineuse. Non qu'il y eût mauvais vouloir défini, mais des craintes furent exprimées à l'endroit de la sécurité morale des athlètes allemands qui viendraient à Paris et « risquaient d'y être insultés». Ainsi l'écrivait un Allemand de Paris à un des membres de la réunion, lequel eut le tort de donner lecture du message reçu par lui. Le prince Aribert d'Anhalt présidait et eut le tort plus grand encore de ne pas intervenir à propos. Je protestai bien entendu. Personne du reste ne proposa l'abstention, mais il était clair que la participation manquerait d'élan. Si l'on compare ce temps-là avec les rencontres franco- allemandes des années récentes encore proches pourtant d'événements tragiques et sanglants, on mesurera les progrès éclatants de l'esprit sportif.

En 1900, il n'existait encore qu'instinctivement chez les sportifs véritables. L'opinion n'en avait guère l'idée et, comme on pense, l'Administration moins encore. D'ailleurs, si l'esprit sportif faisait défaut chez ces messieurs du Champ-de-Mars, leur technique ne valait pas mieux. De vagues circulaires s'envolaient de temps à autre par leurs soins, vides de tout renseignement utile. Par un premier paradoxe, c'était le comité défunt, le Comité La Rochefoucauld, qui continuait d'être investi de la confiance étrangère ; et, n'en recevant plus rien — et pour cause — c'est au président du C.I.O. que l'on s'adressait. Les plaintes se multipliaient. Le 11 octobre — six mois avant l'ouverture — Caspar Whitney exprime le mécontentement des Américains. Le 23, c'est Jiri Guth qui déclare qu'à Prague on se décourage faute de savoir à quoi s'en tenir et que faire. Peu après même son de cloche de Copenhague. De tous côtés s'exprime la méfiance à l'égard des Jeux «organisés par tous ces incompétents», comme écrit Sloane. On me demande toujours d'intervenir. Whitney réclame naïvement à son ambassade à Paris pour qu'elle obtienne de l'Exposition le renoncement au plan officiel et qu'on remette simplement «l'argent et la liberté» aux personnes choisies par le C.I.O. Et le 14 avril 1900, le comte Thun Valsessina, chambellan de François-Joseph, réclame «qu'en vue des Jeux de Paris», il y ait dans le C.I.O. un membre autrichien ; même démarche des Canadiens. Cependant le temps continuait de passer. Rien ne sortait de terre... ni des bureaux, sinon des sous- commissions nouvelles et de copieux règlements. Vincennes était abandonné ; pas d'argent, ni stade, ni terrains. De même qu'on priait les membres du C.I.O. d'entrer dans les jurys, on finit par s'adresser aux sociétés pour obtenir leur appui direct et le prêt de leurs terrains, et notamment au Racing-Club pour la journée des sports athlétiques. C'était bien la peine de répudier furieusement mon projet de 1898 en le déclarant « mesquin et indigne de la nation».

Les championnats de course à pied, sauts, lancers... eurent donc lieu au Bois de Boulogne le 19 juillet 1900, sous ma présidence et la présidence d'honneur du ministre du Commerce, M. Alexandre Millerand, qui passa l'après-midi avec nous et s'intéressa aux exploits des athlètes, mais que je m'abstins de mettre au courant de ce qui s'était passé, tant il y paraissait étranger. La plupart des hommes politiques d'alors partageaient l'opinion de l'universitaire que je citais ; le sport n'était pour eux qu'un hors-d'œuvre qu'il fallait apprécier à titre secondaire comme tout amusement sain. Mais le jeu de boules ne leur semblait pas, à cet égard, différer sensiblement du football. Quant à l'olympisme, ils n'y voyaient qu'un néologisme excentrique et superflu. Six ans plus tard, au cours d'un banquet, ce mot amenait encore un sourire dédaigneux et incrédule sur les lèvres du ministre... qui l'était encore récemment mais doit avoir changé d'avis.

Des autres concours de 1900, je n'ai rien à dire ici. Il s'y dépensa beaucoup de bon vouloir. Les sportifs firent de leur mieux. Des résultats intéressants, mais n'ayant rien d'olympique, furent notés. Selon l'expression d'un de nos collègues, on avait « utilisé notre œuvre en la mettant en charpie ». Le mot demeura juste. Il caractérise l'expérience de 1900. Elle prouvait, en tous cas, qu'il fallait se garder de jamais laisser les Jeux s'annexer à quelqu'une de ces grandes foires au milieu desquelles leur valeur philosophique s'évapore et leur portée pédagogique devient inopérante. Malheureusement, le mariage qui venait d'être contracté était plus solide que nous ne pensions. Deux fois encore, en 1904 et en 1908, il nous faudrait pour des raisons budgétaires, subir le contact des expositions. Ce n'est qu'en 1912 que, par l'effort suédois, le divorce serait prononcé.

Dans ce fâcheux ménage, l'Olympisme, du moins, aurait une situation de plus en plus indépendante et ne se trouverait plus réduit à l'humiliant vasselage auquel on l'avait soumis à Paris.

VI

1904 — La troisième Olympiade en Amérique et la réunion du C.I.O. à Londres

De l'aventure de 1900, le C.I.O., toutefois, ne sortait point affaibli. Les trois cercles concentriques : noyau — pépinière — façade, s'étaient enrichis de quelques bonnes recrues : Godefroy de Blonay (Suisse), le colonel Holbeck (Danemark), Clarence de Rosen (Suède), Sir Howard Vincent (Angleterre) étaient des convaincus et des dévoués. Le prince Georges Bibesco (Roumanie). MM. Reyntiens (Belgique), de Beistegui (Mexique), de Ribeaupierre (Russie), Hébrard de Villeneuve (France) étaient sympathiques, bien que tièdes encore. Enfin les princes de Salm-Hortsmar (Allemagne) et Serge Beliosselsky (Russie) nous « doraient sur tranches » L'idée olympique avait plutôt gagné que perdu puisque l'année 1900 n'était pas terminée qu'on se préoccupait du lieu où se célébrerait la IIIe Olympiade. Dès 1894, il avait été tacitement entendu que ce serait aux États-Unis. Grèce, France, États-Unis : trinité de début très propre à accentuer le caractère mondial de l'institution et à l'établir sur des bases indiscutables. Chicago se mit tout de suite sur les rangs. Le président de l'Université, le docteur Harper, était favorable et les quelques citoyens entreprenants groupés autour de lui trouvèrent dans le consul de France, M. Mérou, un ardent protagoniste. Ce dernier nous dépêcha Henri Bréal, fils de l'enthousiaste et savant professeur auquel je restais attaché par des liens reconnaissants. Chicago ! Je revoyais en 1889, assis derrière leurs bureaux, Pullman, le milliardaire-philanthrope à la carrière si représentative de l'Amérique d'alors, puis ce même docteur Harper m'expliquant avec une froide emphase que la supériorité de son université provenait du fait « qu'elle fonctionnait comme une compagnie de chemins de fer ». Mais à cette vision première de la cité des abattoirs, enfumée, bruyante, s'en superposait une autre, éblouissante celle-là. En face de la grandeur et de la réelle beauté de la « World's Fair » de 1893, je m'étais senti pénétré d'admiration pour la montée brusque d'une pareille sève.

L'idée de tenir les Jeux à Chicago me plaisait. Et déjà les journaux américains commençaient d'en parler avec faveur lorsqu'une lettre fulminante de James E. Sullivan fut publiée. Il y était dit que la question n'était aucunement réglée, vu que le Comité Olympique et son président avaient été débarqués au profit d'une

« union internationale », récemment fondée à Paris ; et il citait parmi les « fondateurs » : le comte Brunetta d'Usseaux pour l'Italie, le professeur Bergh-Petré pour la Suède, MM. G. de Saint-Clair et Pierre Roy pour la France et lui-même pour les États-Unis. Brunetta, qui se montrait chaque jour plus zélé envers le C.I.O. et le professeur Bergh, n'attendirent pas un instant pour donner un cinglant démenti à cette nouvelle. Pierre Roy se décida à en faire autant. Sullivan, après une première lettre aigre, en écrivit le 21 mars 1901 une seconde où se trouvaient ces mots qui l'honorent : « *I am always willing, if I think I have made a mistake, to acknowledge it.* » Il n'avait pas du reste que des amis au-delà des mers. Dès la fin de 1900, le *Morning Telegraph* avait déclaré que « tout cela était une campagne contre Chicago », concluant par cette phrase méchante : « The freezing horror of the situation can only be fully appreciated when it is seen that James Sullivan is not the American member of the I. O. C. » Allons on se disputait ! Excellent ! Rien de tel pour asseoir un comité que de voir les candidats boxer alentour. Cela me rappelait le speech narquois de Jules Simon, lorsque certains avaient voulu réclamer la priorité de l'initiative en faveur des sports scolaires en France : « La fécondité et l'opportunité d'une idée se reconnaissent au nombre de ceux qui s'en attribuent la paternité. »

Le 21 mai 1901, le C.I.O., assemblé à Paris à l'Automobile-Club, acceptait à l'unanimité Chicago comme siège des Jeux de 1904, et quand les étudiants reçurent par câble le résultat de ce vote, ils le célébrèrent par un « mammoth bonfire ». Je venais d'écrire au président des États-Unis pour lui exposer, avec l'historique de leur rénovation, la nécessité pour lui de patronner les Jeux et d'en proclamer lui-même l'ouverture, quand M. Mac Kinley fut assassiné. Ce crime ouvrit automatiquement l'accès du pouvoir suprême au vice-président de la République, Théodore Roosevelt. Celui-là était un convaincu, un ami et, dès lors les horizons de la IIIe Olympiade s'éclairèrent.

Tout commença bien. Un programme fut rédigé qui, à côté du sport, faisait place à des manifestations littéraires et artistiques. On l'édita luxueusement en anglais, allemand et français. L'été de 1901, M. Furber, président du Comité d'organisation, séjourna chez moi à la campagne et nous nous mîmes d'accord sur une quantité de détails. Cependant, vers la fin de l'année, je remarquai quelque agitation et quelques réserves dans notre correspondance. La cause ne tarda pas à s'en avérer. En 1903, à Saint-Louis-du-Missouri, devait se célébrer, par une exposition géante, le centenaire de la cession de la Louisiane par le premier consul Bonaparte à la République des États-Unis. Mais de même que, onze ans plus tôt, il avait fallu reculer à 1893 l'exposition par laquelle Chicago honorait, au nom de l'Amérique entière, le quatrième centenaire de sa découverte par Christophe Colomb, la manifestation de Saint-Louis ne serait pas prête à temps. Elle aurait donc lieu en 1904. Il eût paru naturel de s'en féliciter pour le succès des Jeux de Chicago auxquels cette circonstance amènerait un surcroît de spectateurs. Par malheur, une rivalité ancienne et jalouse existait entre les deux métropoles. Saint-Louis réclama les Jeux. Au besoin, la ville prétendit en organiser de son côté. Cette menace, d'abord dédaignée, prit de la force au cours de 1902. Un « mass meeting » se tint à Chicago pour protester contre tout transfert, mais quelque flottement se fit sentir parmi les organisateurs. Le président Harper écrivit qu'on s'en remettait à notre décision et qu'on « pousserait jusqu'au bout » si nous le désirions. Dans sa lettre perçait une certaine inquiétude. Je ne l'avais pas attendue pour correspondre avec le chef de l'État américain, mieux qualifié que quiconque pour bien apprécier la situation. Le 23 décembre 1902, ayant reçu les messages en majorité approbateurs de mes collègues (14 voix pour, 2 contre, 5 abstentions), je demandai officieusement l'arbitrage du président Roosevelt. Comme je m'y attendais, il se prononça en faveur du transfert. Les télégrammes se multiplièrent. Chicago s'inclina et M. David R. Francis, président de l'Exposition de Saint-Louis, nous câbla ses plus vifs remerciements. Quant à Sullivan, rallié et enthousiaste, il me déclara que ç'allait être « le plus splendide ensemble d'exploits sportifs que le monde aurait vu ».

Le monde regardait-il ?... Pas encore. J'eus cet été-là, en écoutant à Bayreuth les passionnants accents wagnériens, la possibilité de mettre au point mes impressions et de scruter en paix les horizons olympiques. La musique et le sport ont toujours été pour moi les plus parfaits « isoloirs », les plus féconds instruments de réflexion et de vision en même temps que de puissants incitants à la persévérance et comme des « massages de la volonté ». En somme, après difficulté et périls, tous soucis immédiats se trouvaient écartés. La IIIᵉ Olympiade serait célébrée avec pompe. Une escouade avertie en avait la responsabilité. Elle ferait beaucoup de fautes sans doute, mais il n'y avait à redouter de sa part aucun des avatars de sa devancière de 1900. Le chiffre olympique, la présence du chef de l'État, l'autorité du C.I.O. dont la liste figurerait en tête du programme quotidien... tout cela nous était assuré. Le point noir, c'est que les Américains s'imaginaient une attirance bien supérieure à ce qu'il fallait prévoir. Notamment, ils comptaient sur les « princes » (il y en avait alors trois) ainsi que sur les moindres seigneurs faisant partie du C.I.O. Ils offraient une belle salle pour nos séances. J'étais bien résolu, sans le leur laisser deviner, à décliner l'invitation. Nous eussions été six ou sept autour d'une table préparée pour trente. Et l'on aurait dit : « Eh ! quoi ! ce n'est que cela, ce Comité qui fait tant d'embarras ! ». Non. Le C.I.O. se réunirait en effet en 1904, car l'heure était venue de le « sortir », et il était maintenant bon à montrer, mais ce serait à Londres, dans le vieux palais du Lord Mayor, à Mansion-House, sous le patronage du roi Édouard, avec autour de nos séances le plus possible de ce prestige que distille la vieille Angleterre aux jeunes institutions qui se réclament d'elle. Et de Londres, le C.I.O. confierait à la Ville Éternelle, à Rome-la-glorieuse, le soin d'organiser, quatre ans plus tard, les Jeux de la IVe Olympiade.

Tout se passa conformément à ce plan. La session réussit de tous points, sauf que j'aurais voulu y associer en quelque manière les universités de Cambridge et d'Oxford et aussi le vieux collège de Rugby, cette Mecque de la pédagogie sportive. Mais mes chers amis, R. S. Laffan et Sir Howard Vincent avaient si bien fait les choses qu'en dehors du travail, toute une semaine se trouvait occupée, du 19 au 27 juin, par des festivités variées : luncheon à Mansion-House, dîners à Westminster et à la célèbre et luxueuse corporation des Fishmongers, excursions à Windsor et à Hurlingham, etc. Et puis, tous mes collègues ne comprenaient peut-être pas comme moi le désir persistant d'associer le monde universitaire à la renaissance olympique. En Amérique où, comme je l'ai déjà dit, les universités dominaient alors l'athlétisme, c'était chose faite. Nulle part en Europe ce n'était le cas. Je n'ai pas à faire ici le procès des étudiants ou plutôt de leur mentalité et des rapports de celle-ci avec la mentalité de leurs professeurs. Cette digression ne serait pas à sa place, mais il est trop certain qu'en une multitude de domaines (l'Olympisme n'est que l'un d'eux), la collaboration des forces universitaires entre 1890 et 1930 a constamment et très fâcheusement fait défaut à la chose publique. On les a trouvées dispersées et trop souvent gaspillées sur des chemins de traverse ou dans des impasses stériles, presque jamais travaillant avec suite et vouloir le long du réseau des grandes routes de communication mondiale. Lorsque, très tardivement, les étudiants sont venus au sport, ils ont prétendu avoir des Jeux Olympiques spéciaux pour eux. Les ouvriers, il est vrai, ont fait de même et l'on m'a reproché d'avoir eu, dans l'un et l'autre cas, une attitude contradictoire. Je m'en expliquerai en temps voulu.

***

C'est le 24 mars 1903 que le sénateur Todaro m'avait officiellement communiqué, en qualité de président de la Federazione Ginnastica Italiana, le vote unanime émis quelques jours plus tôt par les délégués des sociétés de gymnastique italiennes et demandant que Rome fût désignée comme siège de la IVe Olympiade. Trois années venaient de passer, discrètes et silencieuses pendant lesquelles le C.I.O. s'était à peine réuni et qu'avait remplies une correspondance abondante et serrée destinée à consolider les liens entre ses membres et la position du Comité vis-à-vis des groupements sportifs et des États. La réunion de Londres mettait en vedette l'heureux résultat de nos efforts.

La candidature romaine, un moment abandonnée par le président Todaro, avait trouvé dans le secrétaire de la Fédération italienne, M. F. Ballerini, un apôtre persistant. Le comte Brunetta d'Usseaux, sur ma demande, y avait apporté son concours zélé. Elle n'avait contre elle que les tendances régionalistes, bien plus accentuées alors qu'elles ne le sont aujourd'hui. La primauté de Rome ne s'imposait pas à tous. Milan se considérait comme seule métropole sportive dans la péninsule. Après elle, Turin faisait valoir ses titres. Or, des Jeux Olympiques à Milan et à Turin seraient quelconques et ne servaient nullement notre cause. Je désirais Rome parce que, là seulement, de retour de son excursion dans l'utilitaire Amérique, l'Olympisme revêtirait la toge somptueuse, tissée d'art et de pensée dont j'avais dès le principe voulu le revêtir.

Le vote fut entouré par nous d'une sorte de solennité grâce à laquelle mes collègues allemands retirèrent leur proposition de choisir Berlin. J'avais eu soin de présenter ce vote comme un hommage international à l'antiquité romaine. Cela permettrait aussi par la suite de lutter efficacement contre toute tendance à l'effritement des Jeux entre plusieurs cités. Jusqu'ici il n'avait point existé de malentendu sur ce point. Athènes, Paris, Chicago, Saint-Louis s'étaient présentées à tous les regards comme des centres uniques. Cette fois, des journaux et des comités parlant de l'attribution des Jeux de 1908 *à l'Italie*, laissaient transparaître l'arrière-pensée de diviser les concours entre plusieurs villes italiennes. Grave danger qu'il fallait écarter à tout prix. Voilà pourquoi nous apportâmes à parler de Rome et de Rome seulement, une ténacité inlassable. Le vote rendu, le résultat en fut porté à l'ambassade d'Italie. L'ambassadeur le té-

65

légraphia au souverain avec nos hommages ainsi qu'au syndic de Rome, le prince Colonna. Déjà, le 27 février, la Junte Communale, assemblée au Capitole, s'était occupée de la chose et avait décidé un patronage éventuel effectif. La réponse du prince Colonna fut chaleureuse. Le ministre de la Maison royale télégraphia non moins explicitement que le roi l'avait chargé de remercier vivement le Comité International qui « en proclamant Rome siège de la Quatrième Olympiade » donnait à l'Italie « un si efficace témoignage de cordiale sympathie ».

Peu après, nos collègues Gebhardt et Kemény s'embarquèrent pour les États-Unis, porteurs de nos meilleurs messages pour les organisateurs des Jeux : messages discrets. Tandis qu'il venait de s'affirmer avec l'Europe, le C.I.O. avait intérêt à ne pas attirer l'attention sur sa carence en Amérique. Les points essentiels indiqués plus haut étaient acquis. Il eût été imprudent d'en réclamer davantage. « Savoir attendre » demeurait notre mot d'ordre.

Aussi bien ces Jeux de Saint-Louis manquaient-ils d'attrait. Je n'avais, personnellement, aucune envie d'y assister. Je gardais rancune à cette ville des désillusions que m'avait causées la vue du confluent du Missouri et du Mississippi qui la situe sur la carte. Fenimore Cooper aidant, que n'avais-je pas attendu, jadis, d'un paysage où se rencontrent ces fleuves aux noms étranges et sonores ! Aucune beauté, aucune originalité. Je pressentais que l'Olympiade serait assortie à la ville. En fait d'originalité, le programme n'en offrait qu'une et plutôt gênante. C'étaient les deux jours dénommés bizarrement « anthropological days » et dont les concours étaient réservés aux nègres, aux Indiens, aux Philippins, aux Aïnos, auxquels on osa adjoindre en plus des Turcs et des Syriens. Il y a de cela vingt-six ans !... Direz-vous que le monde n'a pas marché depuis lors et que l'idée sportive n'a pas progressé ?...

<h1 style="text-align:center">VII</h1>

<h2 style="text-align:center">1905 — Un congrès prospère
et quelques bonnes réalités</h2>

Dans le panorama des « années olympiques », lorsqu'il se déroule dans ma mémoire, l'année 1905 m'apparaît non comme la plus brillante mais bien comme l'une des plus utilement laborieuses et des plus fécondes en résultats solides.

Elle débuta, pour moi, par un assez long séjour à Rome dont le but était double : assurer la célébration romaine de la IVe Olympiade qui tombait en 1908 et obtenir du Vatican la levée de l'espèce d'interdit qui s'exerçait dans beaucoup de milieux cléricaux à l'endroit de la pédagogie sportive. Le premier point ne fut pas atteint ; le second le fut pleinement.

Tout paraissait devoir concourir au succès des Jeux prochains. Rome disposait de toutes les ressources qui, au début, avaient manqué à Athènes ; chacun semblait favorablement disposé, depuis le roi jusqu'au plus modeste fonctionnaire. À vrai dire, cette sympathie n'impliquait aucun emballement, mais en était-il besoin pour *continuer* l'œuvre alors que, pour la *fonder*, l'enthousiasme hellénique avait été nécessaire ? Encore fallait-il un rouage initiateur. Celui que, l'an passé, le comte Brunetta d'Usseaux avait formé manquait de chef. Il ne s'en révéla point et, dès lors, ces tendances régionalistes auxquelles j'ai fait allusion déjà ne purent être neutralisées. Quand je parle de régionalisme, je ne veux pas dire que l'Italie d'alors ne fut point unie ; il n'existait plus, assurément, entre Piémontais, Vénitiens, Romains, Napolitains ou Siciliens, aucune des velléités sécessionnistes d'antan. Mais les caractères, les tempéraments, les façons de concevoir et d'exécuter demeuraient si différents qu'en dehors des questions d'intérêt vraiment national, la collaboration était malaisée et les malentendus, fréquents et durables. On pense bien que je ne vais pas entrer ici dans le détail des négociations et conflits d'ambitions qui se produisirent. J'en ai déjà raconté quelque chose dans un livre de souvenirs publié en 1908 et qui s'arrête à cette date. Comme il l'avait fallu à Athènes onze ans plus tôt, je dus substituer mon action personnelle à celles qui tardaient fâcheusement à se manifester et dresser moi-même les plans et devis des Jeux. Le roi et la reine voulurent bien m'indiquer la « place de Sienne » dans la villa Borghèse, stade naturel d'une beauté parfaite qui convenait, en effet, à merveille aux sports athlétiques. Je choisis la place d'Armes pour les manifestations gymniques et les Thermes de Caracalla pour les sports de combat. Quels cadres merveilleux et d'aménagement facile ! Tor di Quinto s'offrait pour les sports équestres et les jeux ; le Tibre, entre le Ponte Molle et le Ponte Margherita, pour l'aviron et la natation ; le Capitole pour les cérémonies et les réceptions... Le devis initial d'après toutes les données recueillies se divisa en douze chapitres. Le total montait à 303 000 lires. Heureux temps ! il est vrai que, comme en 1896, comme en 1900, les Jeux de 1908 m'apparaissaient conçus pour une élite : cinq cents concurrents et quinze à vingt mille spectateurs environ. Le devis comprenait les prix, statuettes et médailles dont les moules, brisés dès la clôture, accroîtraient singulièrement la valeur (j'ai toujours vainement réclamé qu'il en fût ainsi à chaque Olympiade) et le traitement d'un directeur général, poste auquel je proposai d'appeler, d'accord avec lui, le secrétaire général du Racing Club de France, M. Gaston Raymond.

La négociation avec le Vatican exigea moins d'efforts. Le pape Pie X qui, à Venise, dotait de prix les régates de ses chers gondoliers, et le cardinal Merry del Val, secrétaire d'État, qui avait été élevé à Eton, ne partageaient point contre les sports les préventions de la plupart des chefs d'établissements religieux (il s'agit de sports et de concours sportifs et non des jeux *récréatifs* et anodins en vogue jusqu'alors dans ces établissements). Le souverain pontife, intéressé par le projet d'Olympiade romaine, en parla avec une extrême bienveillance et promit, d'ailleurs, une preuve prochaine et tangible de ses sentiments. Ce fut la saison suivante une fête de gymnastique donnée au cours d'un pèlerinage des patronages catholiques français, belges et autres et que le Pape présida dans la fameuse cour de St-Damase ; spectacle bien symptomatique que fixa la photographie et qui a toujours grand succès dans la série de nos projections documentaires olympiques.

Lorsqu'au printemps de 1901, le C.I.O. s'était assemblé à Paris, il avait eu à discuter trois propositions convergentes visant la convocation d'un Congrès international pour l'unification des règlements sportifs. L'une émanait de nos collègues allemands, l'autre de divers groupements suédois, la troisième de l'Amateur Athletic Union des États-Unis. La première proposait de rédiger un code sportif qui deviendrait obligatoire pour tous concours à venir. C'était beaucoup trop impératif et, d'ailleurs, de quel droit le C.I.O. eût-il pris l'initiative d'une législation si péremptoire en dehors des fédérations et sociétés techniquement compétentes. Ici transparaissait la confusion qui devait se prolonger si longtemps entre les Jeux Olympiques et d'ordinaires championnats internationaux. Les membres du C.I.O. étaient des « trustees de l'idée olympique » et avaient charge d'en imprégner les concours quadriennaux des Jeux ; cela ne les rendait pas compétents pour se substituer aux techniciens dans la conduite même de ces concours. On avait de la peine à comprendre cela hors du Comité — et même, parfois, dans son sein.

La seconde proposition, ai-je dit, venait de Suède ; elle était inspirée par cette façon un peu simpliste et frénétiquement logique de régler les questions qui, doublée par ailleurs de certaines complexités imprévues, rend la mentalité scandinave difficile souvent à suivre même par les étrangers qui en sont le plus épris. Du moment qu'il s'agissait de rénover les Jeux Olympiques, on devait le faire intégralement, donc écarter sans rémissions tout ce que le programme contenait de moderne, pour s'en tenir aux seuls exercices pratiqués dans l'antiquité. Je n'ai pas besoin d'insister sur le caractère négatif, impratique et, finalement, destructeur de notre œuvre qu'impliquait une telle proposition.

La troisième, seule, était recommandable. M. L. P. Sheldon, délégué à cet effet par l'American Athletic Union, fut admis à la défendre lui-même devant le C.I.O. Il le fit avec talent et modération. On nous demandait de provoquer un échange de vues entre tous ceux qu'intéressaient les questions de réglementation des concours et de donner aux accords qui en résulteraient l'appui de notre autorité. Pourquoi pas ? Cela rentrait tout à fait dans l'esprit et les moyens du C.I.O.

De là sortit le Congrès de Bruxelles. En décembre de cette même année 1901, je profitai d'un passage à Paris du roi Léopold pour lui demander audience et obtenir son patronage. Léopold II était probablement le plus intimidant des souverains régnants. Une sorte d'ankylose l'avait habitué à rester debout, appuyé sur sa canne, et c'est ainsi qu'il recevait volontiers au milieu du salon même si, prenant intérêt à la conversation, il la laissait se prolonger longtemps. Sa haute stature, son regard toujours un peu moqueur, ses propos à l'emporte-pièce, le rendaient redoutable. Quand le visiteur ne lui agréait point, il pouvait se montrer fort méchant. Aimait-il les sports ou, plutôt, les avait-il aimés ? Je ne sais trop mais, comme instrument de formation d'individualités puissantes, il en saisissait admirablement la valeur et ses visées coloniales y trouvaient leur compte. Quelques années plus tard, il me fit demander des plans, règlements et programmes pour un « collège de préparation coloniale » que je pris le plus vif plaisir à dresser très complètement.

Naturellement, le développement sportif y jouait un grand rôle. Le projet échoua ; je l'avais prévu laïque et le roi l'approuvait ainsi, mais des influences monastiques se jetèrent au travers.

Le Congrès prévu pour 1904 fut ajourné à 1905. Un atout nous était venu en la personne d'un nouveau collègue belge, le comte Henry de Baillet-Latour qui, avant de me succéder vingt ans plus tard à la tête du C.I.O., devait jouer si longtemps parmi nous un rôle de premier plan et rendre à la cause olympique de signalés services. Son prédécesseur, alarmé par la responsabilité du congrès s'était retiré brusquement — si brusquement même que son procédé nous mit à deux doigts d'une rencontre qu'empêcha l'intervention spontanée d'un diplomate français ami du C.I.O.

Le 7 octobre 1904, le Premier ministre de Belgique, le comte de Smet, que je connaissais personnellement, m'avait informé que son collègue aux Affaires étrangères acceptait de faire remettre les invitations par l'entremise des légations belges. C'était un point important. Il déplorait, par ailleurs, que le bourgmestre de Bruxelles, M. de Max, refusât l'hospitalité de son fameux Hôtel de Ville. Mais M. de Baillet nous procura le Palais des Académies, après tout mieux situé et plus commode.

C'est là que le Congrès s'ouvrit (juin 1905) par une séance solennelle qu'ornait un discours de Marcel Prévost, président de la Société des Gens de Lettres, venu de Paris pour parler de l'*Esprit à l'école des sports* : charmante contribution à des séances qui, à part ce discours, ne furent consacrées qu'à la technique. C'était son tour comme ç'avait été, au Havre, le tour de la pédagogie. Le programme était immense. Il avait la prétention de couvrir toute la question sous ses aspects les plus divers ; il occupait cinq ou six pages in-8º de façon à former un répertoire complet. Il va sans dire que tout cela ne pouvait être approfondi ; c'était plutôt un exposé. Un point de discussion qui est intéressant à rappeler, c'est le rôle du sport dans l'armée. Les représentants français, alors, commençaient de s'y montrer favorables. Les représentants allemands et toute leur école s'y déclaraient vivement hostiles. Il n'y avait là, selon eux, pour la formation du soldat que du temps perdu et des occasions de fâcheuses entorses données à la discipline. Dix ans plus tard, on sait avec quelle force ces préventions se trouvèrent balayées par la puissance des faits et comment la valeur de la préparation sportive prit soudain une importance de premier ordre.

La session du C.I.O., qui se tint au cours du Congrès, fut féconde en heureux résultats. Le comité allemand avait *désigné* son nouveau président, le général comte von der Asseburg, comme remplaçant parmi nous le prince de Salm-Horstmar, qui se retirait. Ceci était contraire à l'essence même du C.I.O. Pas moyen de céder. Mais quand le général eut pris contact individuellement avec mes collègues comme délégué au Congrès, il déclara que c'était son comité qui faisait erreur et qu'il entendait se présenter librement à nos suffrages. Nous l'élûmes avec le plus grand plaisir. C'était un homme charmant et sûr. L'Olympisme l'avait tout de suite enthousiasmé. Il nous aida beaucoup à maintenir, à Bruxelles, une atmosphère agréable. Or, les circonstances étaient difficiles. Delcassé venait de démissionner à la suite du débarquement de Guillaume II à Tanger et des événements qui en avaient été la conséquence. On parlait de guerre prochaine. Les Belges étaient méfiants. Les Scandinaves, de leur côté, se montraient nerveux, car la brusque séparation de la Suède, exigée par les Norvégiens, ne s'était pas faite sans froissements. Mais tout cela fut noyé dans la bonne atmosphère sportive. Cette réunion de plus de deux cents membres, tantôt divisés en commissions, tantôt groupés en séance plénière, délibéra dans un excellent esprit avec le seul souci du bien public.

Il va de soi qu'il n'en sortit que des vœux. Mais, en ce temps où l'on n'avait pas encore abusé des congrès, les « vœux » gardaient quelque valeur. Surtout la manifestation, par son ampleur, faisait grand honneur au C.I.O. La récente création de la British Olympic Association, faisant vis-à-vis au Deutscher Reichsausschuss für Olympische Spiele, nous dotait de deux ailes puissantes. Londres et Berlin possédaient, désormais, des centres olympiques permanents travaillant avec nous et sous notre égide en quelque sorte. Cela nous mettait, vis-à-vis d'Athènes, dans une position beaucoup plus forte. Notre collègue Mercati avait su en profiter tout de suite pour établir un rapprochement que le prince royal, d'ailleurs n'avait cessé de favoriser de son mieux. Des Jeux hors-série étaient annoncés en Grèce pour 1906. Il fut entendu que le C.I.O. y prêterait son appui ainsi que celui des rouages constitués déjà en différents pays par ses membres. Ainsi, tandis que le Congrès de Bruxelles s'était tenu pendant la période de tension politique la plus dangereuse qu'eut traversée l'Europe occidentale depuis 1887, il se trouvait avoir réalisé le maximum de paix olympique que nous eussions encore obtenu. Cela ne voulait pas dire, toutefois, que nos adversaires eussent désarmé.

VIII

L'appel aux Lettres et aux Arts

Ce n'était pas tout que de ramener devant M. le Maire (qui fut en la circonstance M. Jules Claretie et officiait dans l'historique Foyer de la Comédie-Française, entre Mme Bartet et M. Mounet-Sully) « le Muscle et l'Esprit, anciens divorcés »… encore fallait-il qu'ils eussent des enfants. Cela a tardé puisque vingt ans plus tard, vers 1926, ceux-ci naissaient à peine. Et parmi les produits de ce début de progéniture, combien d'estropiés ou de morts-nés ! Mais en 1906, il s'agissait simplement d'un rapprochement entre des conjoints que tout semblait devoir pousser l'un vers l'autre et qui, on dut l'avouer, ne s'en souciaient vraiment ni l'un ni l'autre. Or, ce remariage importait grandement ; et surtout qu'il devînt fécond.

Je l'ai déjà répété tant de fois que j'ai un peu honte de ma récidive, mais tant de gens n'ont pas encore compris ! Les Jeux Olympiques ne sont point de simples championnats mondiaux, mais bien la fête quadriennale de la jeunesse universelle, du « printemps humain », la fête des efforts passionnés, des ambitions multiples et de toutes les formes d'activité juvénile de chaque génération apparaissant au seuil de la vie. Ce n'était point le hasard qui avait assemblé à Olympie jadis et groupé autour des sports antiques les écrivains et les artistes, et de cet assemblage incomparable était issu le prestige dont l'institution avait joui si longtemps. Ayant voulu rénover non la forme mais le principe de cette institution millénaire, parce que j'y voyais pour mon pays et pour l'humanité une orientation pédagogique redevenue nécessaire, je devais chercher à restituer les puissants contreforts qui l'avaient naguère épaulée : le contrefort intellectuel, le contrefort moral et, dans une certaine mesure, le contrefort religieux. À quoi le monde moderne ajoutait deux forces nouvelles : les perfectionnements techniques et l'internationalisme démocratique.

À Athènes, en 1896, la solennité de ce premier contact entre la jeunesse contemporaine et le stade de Périclès rebâti interdisait d'introduire la recherche d'œuvres nouvelles artistiques et littéraires inspirées par l'idée sportive.

C'eût été puéril. Aussi bien ne pouvait-on tout innover à la fois. Le procédé par étapes m'a toujours paru le meilleur pour toute entreprise de vaste envergure aspirant à durer. À Paris, en 1900, outre les circonstances défavorables que j'ai décrites, l'Exposition

Universelle donnait lieu à un jaillissement trop important de formes et d'idées pour qu'on pût y faire place à un effort de détail et de nature spéciale... Mais Chicago tout de suite s'était intéressée à ce côté de la question olympique. Les programmes dont j'ai parlé plus haut faisaient une place un peu gauche encore, mais sincère et ardente, à l'art et à la pensée. Sous ce rapport, le transfert à Saint-Louis avait été un malheur. L'initiative en ce sens s'en était trouvée ajournée une fois encore. Rome maintenant tendait à s'effacer sur l'horizon. Des hésitations, un ralentissement de désir et de confiance se manifestaient, dus décidément à un régionalisme beaucoup trop intensif encore sous des apparences unitaires... Un nouveau transfert allait peut-être s'imposer en faveur de Londres. Comme le temps manquerait, il faudrait alors improviser bien des choses et l'annexe artistique en souffrirait...

La crainte de retarder encore l'éclosion nécessaire de ce mouvement me décida à convoquer une « Conférence consultative des Arts, des Lettres et des Sports » pour le printemps de 1906. J'y puiserais en même temps un prétexte pour ne pas aller à Athènes, voyage que je tenais beaucoup à éviter. Nous avions beau être maintenant en très bons termes avec le Comité Hellénique, le rapprochement résultait plutôt d'une résolution prise de part et d'autre que d'un ajustement sérieux de faits. Quel titre porteraient finalement ces Jeux « hors-série » de 1906 ? À quelle périodicité allaient-ils préluder ? L'idée d'une série quadriennale intercalaire à laquelle j'avais adhéré sans y croire était abandonnée. On pensait maintenant à Athènes, à une série décennale, ce qui ferait en 1916 coïncider les deux séries... Tout cela restait précaire ; la situation serait toujours un peu fausse. En tous cas, bien des petits froissements, bien des difficultés surgiraient pendant les concours. Il y avait avantage pour tout et pour tous à ce que je fusse absent. Le comte Brunetta d'Usseaux me remplacerait et réserverait mon avis chaque fois que cela se pourrait, ajournant ainsi les questions et évitant les décisions précipitées.

Je revois d'ici le sourire charmé d'André Beaunier, cet écrivain raffiné, amène, qu'un sort jaloux a brisé trop tôt — alors que je lui montrais, dans son bureau, au *Figaro*, la convocation à la Conférence de la Comédie-Française. Il y était dit que l'on était invité « à venir étudier dans quelle mesure et sous quelle forme les arts et les lettres pourraient participer à la célébration des Olympiades modernes et, en général, s'associer à la pratique des sports pour en bénéficier et les ennoblir ». « Ah ! La jolie phrase, répétait-il, et comme cela va bien avec le cadre choisi ! » Cadre un peu inattendu sans doute et dont la requête avait commencé par étonner Jules Claretie. Mais il s'était accoutumé à la chose et, souriant, présida l'ouverture d'une conférence à laquelle avaient été conviés presque tous les artistes et écrivains notoires. Il n'en vint qu'une soixantaine, mais ceux qui vinrent le premier jour vinrent aux séances de discussion des jours suivants et participèrent à l'élaboration du plan. Jean Richepin, Bourgault-Ducoudray, Poilpot adhéraient avec élan. Des cortèges, des masses chorales, de grandes fresques, des odes triomphales illuminaient leur imagination. D'autres adhéraient plus froidement ou simplement supputaient les difficultés. La principale tenait en deux mots : la peur du classique. Les jeunes artistes, pour qui classique et poncif demeuraient synonymes, étaient évidemment ceux dont dépendrait le succès de l'initiative. Or cette phobie les en détournait. Ajoutez-y qu'en architecture la demande n'avait pas encore formulé ses besoins, qu'en peinture les scènes sportives réclamaient plus de *ligne* que de *couleur*, c'est-à-dire le contraire des tendances régnantes, qu'en musique la foule avait tout à fait perdu l'accoutumance aux cantates de plein air, qu'en littérature les écrivains personnellement étrangers, pour la plupart, aux joies musculaires violentes étaient inaptes à les décrire pour un public encore mal averti d'ailleurs.

On aurait pu pallier dans une certaine mesure tout cela en faisant appel aux autres nations. C'est une précaution que j'avais eu le grand tort de négliger, me bornant à des lettres d'invitation qui ne furent pas comprises et nous valurent de nombreux télégrammes de sympathie, mais aucune aide efficace. Seule la Royal Academy of Arts de Londres se montrait vraiment favorable, ce qui, en vue des Jeux prochains (Londres devenait de plus en plus probable) était bon signe. À la séance d'ouverture, Laffan avait prononcé de nouveau une de ces exquises allocutions françaises… et Mme Bartet, ravie, penchée derrière Claretie, me tirait par la manche : « Qui est-ce ? disait-elle avec une intense curiosité admirative… Qui est-ce ? »

La Conférence de 1906 n'en remplit pas moins son office principal en proposant au C.I.O. de créer « cinq concours d'architecture, de sculpture, de musique, de peinture et de littérature pour toutes œuvres inédites, directement inspirées par l'idée sportive, ces concours devant être désormais annexés à la célébration de chaque Olympiade ». De pareils concours, le C.I.O. se fut ridiculisé en les créant d'emblée à lui tout seul. Invité à le faire par un groupement compétent qui comprenait des adhérents de haute valeur, le C.I.O. se trouvait épaulé devant l'opinion.

À cet égard, la Conférence consultative, que termina d'ailleurs un très beau Festival de Sport et d'Art donné à la Sorbonne, n'avait pas manqué son but principal. La charte de l'Olympisme rénovée était maintenant complétée...

Pas tout à fait cependant. Dans la liste des vœux émis par le congrès initial de 1894 figurait une invitation au C.I.O. (qu'on venait de créer) d'avoir « à introduire dans ses règlements une clause lui donnant le droit d'exclure des concours toute personne qui, par des actes antérieurs, pourrait porter atteinte à la considération de l'institution ». Cette phrase n'était, certes, pas d'allure à réjouir André Beaunier ! Pataude, elle n'avait même pas pour elle d'être claire. Mais elle avait été introduite là afin de tenir la porte ouverte à quelque défense morale, réacheminant peu à peu l'olympisme moderne à cette idée de purification du concurrent qui avait été une des bases de l'olympisme antique.

Sous quelle forme ? Je n'en savais trop rien, mais puisque décidément, on n'en venait pas à bout des difficultés issues du problème amateuriste, l'idée m'était venue de commencer par établir le serment qui donnerait lieu à un cérémonial émouvant et engagerait l'honneur du concurrent tout en simplifiant les recherches relatives à son statut.

L'opinion d'alors n'étant nullement préparée dans les milieux sportifs à une pareille nouveauté et mes premières ouvertures ayant provoqué des sourires ou des protestations, c'est à la Fédération des Patronages que j'en fis la première proposition publique. Elle comptait alors cinquante mille membres. On la persécutait copieusement, mais elle s'en tirait tout de même et se procurait des terrains de jeu sans qu'on sût comment. À l'issue de sa fête fédérale du printemps de 1906, j'adressai à son secrétaire général, Charles Simon, organisateur remarquable en même temps qu'apôtre ardent, une lettre dont le texte se trouve dans le numéro de juillet de la *Revue Olympique*. L'institution du serment y était préconisée. L'idée devait faire son chemin plus rapidement qu'on n'aurait pu s'y attendre et justement dans ces milieux laïques qui s'y montraient alors les plus réfractaires.

IX

La quatrième Olympiade (Londres 1908)

On chercherait en vain dans cette même *Revue Olympique* les traces du passage des Jeux Olympiques de Rome à Londres. Cette nouvelle difficulté nous en rappelait d'autres qui nous engageaient à un silence prudent. Aussi les décisions prises une fois que la British Olympic Association eut acquis la certitude d'une réussite possible, ne furent-elles communiquées officiellement à aucun journal. Discrètement le rideau descendit sur le décor du Tibre et se releva aussitôt sur celui de la Tamise. Cela s'était préparé pendant les Jeux d'Athènes qui, plus brillants et mieux organisés que les premiers, avaient pourtant laissé subsister une impression d'incertitude et de désarroi parce qu'ils ne reposaient sur aucun principe stable. Cette incertitude et ce désarroi avaient pénétré jusque dans les rangs du C.I.O. Assemblés, les neuf ou dix collègues venus à Athènes, y avaient un moment perdu le nord et Brunetta d'Usseaux s'était trouvé impuissant à les maintenir. Ils avaient voté une sorte de résolution impliquant la réorganisation prochaine du C.I.O., et en avaient même offert la présidence d'honneur au prince royal. Celui-ci s'était trouvé un peu embarrassé du cadeau. Cadeau absurde, car en hellénisant de la sorte le comité, on lui enlevait toute indépendance internationale. Tout cela d'ailleurs, sauf la dernière résolution, demeurait soumis à l'approbation du président. Or, le président désavoua le tout, y compris l'honorariat décerné au prince royal. Le prince et moi nous eûmes, à Paris, peu après, un long entretien à ce sujet. Ce n'était agréable ni pour lui, ni pour moi, mais la situation était si grotesque que nous finîmes par en rire. J'avais pris le parti d'exprimer ma pensée en toute liberté et franchise et l'entretien conserva ce caractère jusqu'au bout. Aussi bien la « session » d'Athènes à laquelle ne participaient ni Laffan, ni Baillet-Latour, ni Blonay, ni Sloane, ne pouvait passer pour représenter la doctrine olympique de façon intégrale.

Mais il y avait là un « observateur » comme on dit aujourd'hui, qui allait se muer en acteur. C'était W. H. Grenfell, récemment devenu lord Desbourough, et qui, en contact avec le C.I.O. depuis un an déjà, s'était laissé conquérir par l'olympisme. Laffan et lui (il succéda peu après à Herbert, malade et démissionnaire) composaient avec sir Howard Vincent, une trinité magnifique d'esprit pratique, de volonté virile et d'élan enthousiaste. La célébration de la IVe Olympiade aux mains de tels hommes, ne pouvait qu'être brillante. Dans l'affaire il y avait bien encore une Exposition, mais qui, celle-là, n'aurait d'autre rôle à tenir que de fournir les fonds. Revanche amusante des expériences précédentes.

Et de fait, lorsqu'à Londres, le 26 novembre 1906, furent inaugurés les travaux de la Franco-British Exhibition, on sut tout de suite, par le discours de lord Desborough, quelle place unique et prépondérante y allaient occuper les Jeux Olympiques.

Dans un «manifeste à la presse anglaise», Desborough, dont le prestige de chef se doublait de la légende qu'avaient créée autour de son nom ses exploits sportifs — notamment la traversée à la nage des rapides du Niagara — Desborough avait dit ceci : «Il est essentiel pour l'Angleterre, qui a été le berceau de tant de variétés d'athlétisme, que les Jeux Olympiques, le jour où ils ont lieu chez elle, y soient organisés et célébrés d'une façon digne de son renom sportif.»

Et il en fut ainsi à presque tous égards. Alors, comment concevoir des énormités comme celle-ci, par exemple, relevée à l'issue des Jeux de Londres, sous la plume d'un journaliste français, pourtant bon sportif, F. Frank-Puaux, et reproduite avec complaisance et commentaires favorables en d'autres pays : «Les Jeux ont porté le dernier coup à la réputation de sportivité de l'Angleterre ; les Anglais nous ont montré que maintenant qu'ils trouvaient chez les autres peuples des rivaux sérieux, c'était fini de la largeur de vues, de l'impartialité, de l'indépendance dont ils avaient persuadé le monde qu'ils avaient l'apanage.» Si je sortais de mes archives passablement de pièces américaines, lettres privées, brochures, articles, etc., on y relèverait des accusations plus hargneuses encore.

Que s'était-il donc passé ? Tout simplement ceci : que l'énormité même de la manifestation avait brusquement projeté l'Olympisme renaissant dans la pleine lumière de la réalité comme un faisceau de forces vives auxquelles jusque-là on n'avait voulu croire qu'*archéologiquement parlant* et que, par là, les passions sportives — très modernes celles-là — s'étaient trouvées surexcitées et portées à un diapason non encore atteint. Rien des spectacles analogues et grandioses ont, depuis lors, passé devant nos yeux. Le souvenir du Stade de Londres n'en a jamais été diminué. L'enceinte colossale, parfois noire de monde et vibrant tout entière d'enthousiasme, distillait une sensation de puissance organique que, pour ma part, je n'ai jamais retrouvée et que ne m'avaient point donnée d'autres foules, européennes ou transatlantiques. Les circonstances par ailleurs se trouvèrent opposer, avec une virulence particulière, les deux jeunesses anglo-saxonnes et faire naître, au sein même des Jeux, une sorte de duel musculaire entre leurs champions. Enfin, dès que se dessina le succès, une levée de boucliers s'était opérée parmi les fédérations françaises visant à interrompre le fonctionnement des rouages olympiques, à écarter le Comité International et à dénier ses privilèges. Tous ces éléments contribuèrent à créer une houle qui devait s'apaiser lentement, non sans avoir provoqué quelques grabuges locaux. On ne peut pas dire que les Jeux en aient souffert. Au contraire, ces accès de violence semblèrent leur donner un relief d'ensemble plus éclatant.

***

Dès le printemps de 1907, le Comité International Olympique, assemblé à La Haye, y avait reçu des organisateurs britanniques les communications les plus satisfaisantes. Le travail accompli par ceux-ci en moins de six mois était réellement formidable. Les fondements de l'entreprise étaient tous posés dans les différents domaines, même dans ceux, encore inédits, des Arts et des Lettres. Le programme avait été communiqué d'avance et l'examen réparti entre trois commissions formées par les membres du C.I.O., ce qui permit d'en venir rapidement à bout. Il fallut consentir de part et d'autre certaines concessions. C'était la première fois que les doctrines gymniques suédoises et allemandes s'affrontaient dans la même enceinte, que des régates internationales à l'aviron devaient être, sur la Tamise, rendues accessibles à toutes les nations... À Athènes, on s'était plaint des jurys internationaux. Tous inclinaient pour 1908 à faire l'essai de juges anglais auxquels seraient au besoin adjoints des « commissaires » étrangers : médiocre combinaison qui ne devait pas faciliter la marche des épreuves. Par contre, il ne naissait pas encore de ces difficultés diplomatiques et ethniques avec lesquelles l'Olympiade suivante devait nous familiariser. Tout de même la question des Dominions n'était pas de tout repos. Dès la rénovation des Jeux, l'Australasie (comme on disait alors) avait eu un représentant au sein du C.I.O. À cause de l'énorme distance, personne ne s'en était étonné, mais ni le Canada, ni le Sud-Afrique ne se différenciaient de l'Empire britannique, et pourtant il était certain qu'à Londres leurs équipes voudraient à la fois se réclamer de l'empire et faire figure de nations distinctes. De là l'obligation de définir les juridictions territoriales en dehors du droit, mais sans trop en contredire les principes et en tenant surtout compte des réalités sportives. Le problème était fort complexe. Il ne fut pas résolu en une fois. Il fallait bien entendu faire des « cotes mal taillées ». On aura une idée de sa complexité par les considérations suivantes : Quel serait à Londres le statut d'un Canadien fixé en Angleterre ? Pourrait-il à son gré faire partie de l'équipe canadienne ou de l'équipe anglaise ? Que décider concernant les « natives », sujets anglais dans telle ou telle colonie britannique ? Et la règle adoptée pour l'Angleterre, quelle application en ferait-on à l'Allemagne, par exemple, s'il prenait à la Bavière ou à la Saxe l'idée de réclamer une représentation séparée ? En fondant le C.I.O., j'y avais fait entrer d'office un Hongrois et un Tchèque, me basant sur l'importance et sur l'autonomie sportives de ces pays. Mais la Hongrie formait un État à prérogatives distinctes, la Bohème, non. L'orage devait naître en 1912. En 1908, on se borna à Vienne à grogner quelque peu. Pour l'Allemagne, le général von der Asseburg avait été consulté par moi confidentiellement. Je crois bien qu'il en parla à l'empereur, en tout cas au chancelier. La réponse fut que le Reich préférait de beaucoup au point de vue olympique une représentation unique, agglomérée, mais que l'on comprenait que la constitution très spéciale de l'empire britannique exigeât des représentations séparées. Ainsi, aucune difficulté du côté allemand. Aux États-Unis, il n'en allait pas de même ; Sullivan et son groupe — très puissant — s'indignaient des « privilèges » britanniques.

Autre affaire, le système métrique. Il s'imposait absolument. Et peut-être la transformation de la course de 100 yards en 100 mètres (ce qui faisait 109,3 yards) n'était-elle pas catastrophique pour les athlètes anglais techniquement parlant ; mais beaucoup en ressentaient une sorte d'humiliation nationale. Tout cela avait été étudié d'avance tant par la British Olympic Association que le C.I.O., ce qui donna aux examens et discussions, à La Haye, beaucoup d'aisance et de rapidité. La session fut charmante. Placée sous le patronage du prince consort, inaugurée par le ministre des Affaires Étrangères, elle eut lieu dans la belle et paisible salle de la Trève, l'une des plus « historiques » du Binnenhof. Nous y vîmes pour la dernière fois l'un de nos plus chers collègues, Sir Howard Vincent, que la mort nous devait enlever brusquement peu avant les Jeux — et pour la première fois un futur collègue hongrois bien apprécié par la suite, M. Jules de Muzsa, mais qui dut attendre toute une année son entrée parmi nous, parce que son gouvernement l'avait envoyé à La Haye en le « désignant » comme le successeur de F. Kemény, qui se retirait. Impossible de céder. Le jour où le C.I.O. cesserait d'être un « self-recruiting body », il perdrait son arme essentielle : l'indépendance totale. Tous mes collègues maintenant en étaient convaincus et voyaient dans ce privilège de la libre élection la pierre angulaire de notre constitution.

***

Les Jeux de la IVe Olympiade s'ouvrirent en grande pompe le 13 juillet 1908. Le roi, la reine, les princes et princesses de Suède et de Grèce, le corps diplomatique assistaient à la cérémonie qui fut imposante. Pour la première fois, le défilé des quinze cents athlètes marchant derrière leurs dix-neuf drapeaux réalisa un des vœux de la Conférence de la Comédie-Française ; ils avaient presque tous (sauf les Américains) consenti à revêtir leurs tenues de sport et l'aspect du défilé s'en trouvait transformé. Mais, dit la *Revue Olympique* de juillet 1908, «combien l'ensemble eût été plus parfait encore si, au lieu des ritournelles d'hippodrome jetées en l'air par les musiques militaires, on avait entendu quelqu'une de ces masses chorales qui excellent en Angleterre à exécuter les admirables chœurs d'Haendel». Cela n'avait pu s'arranger. C'est un de mes étonnements que la résistance apathique rencontrée pendant tant d'années à l'union des spectacles sportifs et du chant choral de plein air. Que sculpteurs et peintres aient hésité à franchir un seuil oublié s'excuse, mais que le public tarde tellement à goûter une alternance dont les beautés se complètent si bien passe l'entendement. Il y a pourtant une explication dans la déformation du goût et l'accoutumance à la virtuosité qui font que, de nos jours, le sens eurythmique d'ensemble est affaibli et que le développement de la virtuosité nous a habitués à la séparation des impressions sensorielles. L'éducation artistique populaire est à refaire. Je reviendrai sur ce point et sur mes efforts olympiques à cet égard.

Au point de vue artistique, Londres apporta d'autres déceptions. Les concours d'art dont la Royal Academy avait pris la direction ne purent finalement s'organiser. Au lieu de laisser aux concurrents éventuels le choix de leurs sujets, on avait prétendu le leur imposer. À quoi s'ajoutaient les réelles difficultés concernant le transport et l'exposition des maquettes pour la sculpture. Or, c'étaient justement les sculpteurs qui semblaient, cette première fois, le plus enclins à répondre à l'appel.

Autre déception pour les sports équestres. Tout cela d'ailleurs devait se trouver mis au point quatre ans plus tard à Stockholm. Par ailleurs, nous eûmes satisfaction sur bien des points. Le groupement des sports ne fut nulle part plus apparent. La piscine de natation avait été creusée dans le stade même et les plates-formes de lutte s'y dressaient également. La piscine, avec sa belle bordure de pierres taillées comme un bassin de Versailles, possédait un dispositif ingénieux par lequel le plongeoir métallique s'élevait mécaniquement du fond et s'y repliait dans l'intervalle des concours, de façon à ne pas gêner la vue pour les courses pédestres.

Les épreuves gymniques eurent à Londres une place d'honneur et furent très goûtées des spectateurs. Pour beaucoup, c'était une révélation. Les gymnastes scandinaves furent acclamés. « Birds, they are like birds (ce sont des oiseaux !) », s'écriait-on. Les épreuves d'escrime avaient lieu tout contre le Stade, sous des tentes gigantesques très bien décorées et parfaitement comprises au point de vue technique. Tous ces concours soulignèrent par leurs résultats le caractère international de l'institution. Les prix individuels de gymnastique revinrent à un Italien, un Anglais, un Français et deux Allemands. Les quatre pays scandinaves l'emportèrent en gymnastique collective. La France et la Hongrie se partagèrent les lauriers d'escrime. Les lutteurs, au nombre de 68 concurrents, appartenaient à dix nationalités. Un Hongrois, un Finlandais, un Suédois et un Italien l'emportèrent.

Ce fut dans le domaine des « athletic sports » que la bataille anglo-américaine se concentra et on y apporta, de part et d'autre, une âpreté et un acharnement tels qu'on eût dit tous les souvenirs historiques réveillés et l'honneur national remis définitivement en cause. Hormis le concours de javelot gagné par le Suédois Lemming, les champions anglais et américains firent une rafle du reste. À noter pourtant un Sud-Africain et un Canadien dans le nombre des lauréats. Le partage était assez flatteur pour satisfaire les amours-propres, mais il n'en fut rien. Quand les passions se trouvent surexcitées à ce point, des incidents naissent forcément. Il y en eut ; on s'accusa réciproquement de déloyauté. Un menu fait en dit long sur l'état d'esprit qui régnait. Au retour, lorsque les triomphateurs transatlantiques furent reçus solennellement à l'Hôtel de Ville de New York, ils promenaient en laisse… le lion britannique enchaîné. Cela fit presque une affaire diplomatique. Le roi Édouard, dès le premier jour, avait pris les athlètes américains à tic à cause de leur attitude et des cris barbares dont ils remplissaient le stade. En cette circonstance, je ne compris pas l'attitude de Sullivan. Il partageait la surexcitation de ses équipiers et ne cherchait pas à la calmer. Cela se traduisit au retour par une nouvelle volte-face de sa part. Il fit voter par l'Amateur Athletic Union la désignation de commissaires chargés de constituer un nouveau Comité International Olympique et de régler le statut des Jeux futurs. Mais cette fois, personne ne le suivit, non plus que dans sa tentative pour distinguer les Jeux Olympiques « proprement dits » des « autres sports ». Dans la première catégorie devaient entrer exclusivement les courses à pied, sauts et lancers.

Le C.I.O. n'avait plus rien à craindre de telles manœuvres. Sa constitution était maintenant hors d'atteinte. J'avais pu, au grand dîner offert par le gouvernement britannique, et présidé par Sir Edward Grey, exposer nettement sa politique, ses projets et les limites dans lesquelles nous entendions enfermer nos propres pouvoirs et nos ambitions. Tout était clair et le succès des Jeux prochains se trouvait déjà assuré.

Les fêtes à Londres furent nombreuses. Il y eut notamment pour les athlètes, six banquets de 250 à 300 couverts, un grand bal, des réceptions de tous côtés. À Saint-Paul, au début des Jeux, un service religieux avait eu lieu. L'évêque de Pennsylvanie y avait prononcé un sermon d'une haute portée philosophique.

Les Jeux comportèrent une annexe sous le nom de « Winter sports ». Ils eurent lieu en octobre et comprirent la boxe, le patinage sur glace artificielle, le football, le hockey… Ce n'était pas une heureuse solution, mais les préjugés régnant en Angleterre concernant les saisons sportives l'avaient rendue nécessaire. Quant à l'Olympiade nautique (yachting et aviron), elle avait été célébrée à l'île de Wight et à Henley. La semaine à Henley avait été assez dépourvue d'intérêt technique, mais avait constitué le plus ravissant spectacle qui se puisse imaginer. N'importe ; ces petites « mutilations » du programme général seraient à éviter pour l'avenir.

X

Le C.I.O. à Berlin (1909)

Le moment était venu de tenir à Berlin cette session du
C.I.O. dont on parlait depuis si longtemps. Au lendemain des
Jeux de Londres où les Allemands avaient été très bien reçus et à
l'avant-veille des Jeux de Stockholm, au succès desquels ils
s'emploieraient volontiers, l'occasion se révélait tout à fait propice.
La délégation allemande, composée du général comte von der Asseburg, du comte C. Wartensleben, et du Docteur W. Gebhardt
était plus « olympique » qu'elle ne l'avait jamais été. Le général
surtout, très aimé de ses collègues du C.I.O., jouissait d'autre part
à Berlin d'une situation lui permettant d'assurer à la réunion le
maximum de prestige. De nouveaux membres étaient au mois de
décembre 1908 entrés dans le Comité International. Dans un
même scrutin, nous avions élu : pour les États-Unis, en place de
James Hyde qui n'avait fait que passer parmi nous, Allison V. Armour, yachtman habitué des régates de Kiel et ami personnel de
l'empereur Guillaume ; pour la Roumanie, George A. Plagino ; pour
la Turquie, Selim Sirry Bey, un bel athlète, très francophile, mais
qui avait servi sous les ordres d'instructeurs germaniques. Ces
nouveaux venus verraient avec plaisir notre réunion de 1909 se
tenir dans la capitale de l'empire allemand. Enfin, l'énoncé de nos
travaux ne soulevait cette année-là aucune question d'ordre tant
soit peu politique. Le programme des Jeux de Stockholm pour 1912
d'une part, l'enquête sur l'amateurisme de l'autre lui donnaient un
caractère presque exclusivement technique. Toutes ces conditions
composaient un ensemble favorable. Dès la fin de 1908, la session
s'annonçait comme très brillante : patronage du souverain, participation personnelle du prince héritier, tenue des séances à la
Chambre des Seigneurs, tout présageait un succès complet.

Ce succès faillit être compromis par la mort du général von der
Asseburg, enlevé le 31 mars après deux jours de maladie. Cette
congestion foudroyante et parfaitement inattendue me laissa les
premiers jours désemparé. Il fallait à Wartensleben, très jeune et
non berlinois, un certain courage pour ne pas demander notre renonciation. Mais il se mit bravement à la disposition de ses
collègues et j'en fus ravi. C'était, après tout, la meilleure solution.
Il s'en tira à merveille. Tout resta organisé comme l'avait préparé
le général. Wartensleben se substitua à lui comme amphitryon. Du

27 mai au 2 juin, séances et réceptions se succédèrent. Le kronprinz, le chancelier Bethmann-Hollveg, le ministre des Affaires Étrangères, alors M. de Shœn, comblèrent le Comité d'attentions aimables, auxquelles l'empereur, le dernier jour, joignit les siennes. Ce séjour à Berlin dans des circonstances assez particulières me permit de voir des choses fort intéressantes en vérité, mais dont le récit ne serait pas à sa place dans ces mémoires « olympiques ». On trouvera naturel que je le réserve pour mes mémoires « tout court », et m'en tienne à la mention des principaux résultats techniques de la session. Au cours de six séances bien remplies, un vote unanime fut rendu en faveur de Stockholm et le programme des Jeux de 1912 commença d'être étudié. En effet, le choix de la capitale suédoise avait été pratiquement décidé à Londres l'année précédente. Nos collègues allemands retirèrent la candidature de Berlin comme nous le savions d'avance, la reportant dès alors de façon officieuse à 1916. Les Suédois, qui n'aiment pas à improviser et ne sont jamais pris au dépourvu, avaient préparé et présentèrent un avant-projet assez complet, mais prêtant à discussion sur plusieurs points importants.

Peut-être n'est-il pas inutile de dire comment, sous quelle forme, par quels procédés se préparait en ce temps-là le programme des Jeux Olympiques, car beaucoup de sportifs n'en ont point idée et il s'est imprimé à cet égard beaucoup de faussetés.

La charte fondamentale des Jeux Olympiques ne liait ni les organisateurs, ni le Comité International d'une façon absolue, sauf en ce qui concerne les catégories sportives obligatoires. Cette charte avait été rédigée par le C.I.O. en conformité avec les directives posées par le Congrès de la Sorbonne de 1894. Les catégories susdites étaient les suivantes : sports athlétiques, sports gymniques, sports de combat, sports nautiques, sports équestres. Mais il n'était pas spécifié quelles seraient les distances, ni même les subdivisions de chaque catégorie. Dans ma pensée, il devait exister plus tard un programme fixe, toujours le même, dont les termes seraient arrêtés par un congrès où les comités olympiques nationaux seraient représentés. Mais les comités nationaux étaient en 1909 dans la période de formation ; il n'y en avait pas partout. La Hongrie, la Suède, l'Allemagne, la Bohème, l'Angleterre, étaient, si je n'en oublie pas, seules à en posséder de fortement organisés. Dans un grand nombre de pays, les comités olympiques existaient, mais soit que leur existence fût précaire, soit que leur autorité fût discutée, ils ne présentaient pas encore l'assiette nécessaire. Quant aux fédérations, les unes — internationales — étaient encore peu nombreuses, aux prises avec des difficultés financières et, pour la plupart, ayant grand-peine à se faire obéir. Les autres — nationales — se montraient, en général assez anti- olympiques, voyant à tort dans les comités olympiques nationaux des rouages antagonistes et prétendaient traiter directement avec le Comité organisateur des Jeux sans comprendre à quel grabuge devait nécessairement conduire une telle pratique. Les Jeux Olympiques constituant un faisceau de tous les sports, les organisateurs pouvaient avoir ainsi à correspondre non seulement avec chaque pays, mais dans chaque pays avec chaque groupe sportif séparément.

La question des comités nationaux était très complexe. Leur façon de se constituer était très libre. À un moment, on vit un comité américain de cent membres et un comité japonais n'en comptant que quatre. Nous n'intervenions pas dans leur formation ni dans leur fonctionnement. Encore fallait-il prévoir la création de plusieurs comités s'opposant ou se contrecarrant dans le même pays. Cela s'était déjà produit dans l'Amérique du Sud. Comment alors reconnaître le bon ? En prévision d'incidents toujours possibles, j'avais fait passer un texte très dictatorial et dont j'espérais bien que nous n'aurions pas à nous servir, mais qui pouvait, à l'occasion être invoqué par les organisateurs des Jeux et les tirer d'embarras. D'après ce texte, la « reconnaissance » d'un comité national dépendait de ou des membres du C.I.O. pour le pays en question. Il était en leur pouvoir de la faire cesser par une déclaration. Munis de cette ressource draconienne, nous évitions autant que possible d'être amenés à y recourir, usant d'abord de tous les procédés de l'opportunisme diplomatique. Souvent, la situation paraissait inextricable, puis à l'approche des Jeux, elle se dénouait grâce au désir qu'avaient les concurrents désignés de n'y point manquer et à la pesée qu'ils exerçaient sur leurs dirigeants pour les amener à céder.

Tout cela explique pourquoi, contrairement à mes vues initiales, le C.I.O. se trouvait obligé de jouer un rôle actif dans la préparation des Jeux au point de vue technique. Pendant toute cette période, qui alla de 1896 à 1914, nous incitions le Comité organisateur à présenter son programme (inspiré par nous-mêmes en 1896 et en 1900, de sa propre initiative en 1904, 1908, 1912), et ce programme nous le discutions ensuite et l'amendions d'un commun accord. On y mettait en général de dix-huit mois à deux ans et il ne faut pas croire qu'on ne tint point de compte de l'opinion des fédérations et des groupements compétents. Ceux-ci, pour l'être indirectement, n'en étaient pas moins dûment consultés et avaient de multiples moyens de faire parvenir leurs avis toujours pris en considération dans la mesure du possible, à condition de s'exprimer « dans le cadre de l'institution » et en dehors de toute préoccupation d'en révolutionner le principe intangible.

Ainsi se prépara en 1909 à Berlin et en 1910 à Luxembourg, jusque dans les plus petits détails, le programme des Jeux de la Ve Olympiade. Nous y mîmes la dernière touche à Budapest en 1911. Jamais Olympiade ne fut mise debout avec plus de suite, d'attention et de soins... Pour Londres, le temps avait été bref et pourtant ces mêmes qualités s'étaient accusées dans la préparation. Elles s'épanouirent pour les Jeux de Stockholm. Bien entendu, il fallait de part et d'autre se consentir des sacrifices. Il ne faut pas oublier que nous étions toujours dans la situation de gens qui viendraient dire à autrui : « Vous avez de bien beaux salons. Permettez que nous y donnions à vos frais une fête qui sera magnifique. » Cette formule humoristique qu'on m'avait entendu énoncer en riant demeurait et demeurera toujours vraie. On verra plus loin qu'elle s'imposa encore en 1920 et en 1924. Pour la cinquième Olympiade, elle nous força à accepter la suppression momentanée de la boxe. Non seulement l'opinion suédoise était dressée contre ce sport, mais la loi même en interdisait les manifestations. Bien que la boxe ne soit jamais encore orientée dans la voie de la modération, dans la voie « pédagogique » où je cherchais à la conduire, j'y tenais beaucoup même avec ses tares présentes. Mais il fallut céder. La Suède, de son côté, consentait d'énormes concessions, sur le terrain de la gymnastique en particulier. Quand je l'avais visitée une première fois en 1899, je n'aurais jamais cru que l'intransigeance des disciples de Ling en viendrait à fléchir douze ans plus tard, jusqu'à tolérer la glorification de tous les sports en plein Stockholm et l'érection des agrès honnis au milieu même du stade. C'est qu'en ces douze ans l'évolution suédoise dans le sens sportif, amorcée depuis longtemps, s'était grandement accentuée grâce à l'action bienfaisante du roi et des princes et surtout de notre cher et enthousiaste collègue Balck.

Le Comité suédois demandait, avec la boxe, à supprimer le cyclisme, ce qui ne fut admis que pour les courses sur piste, que j'étais assez satisfait de voir disparaître, mais non les épreuves sur route. Le principe de la course de Marathon fut discuté à nouveau, mais on reconnut l'inopportunité de la supprimer. Les sports équestres et les concours d'art reprirent leur place protocolaire qu'à Londres on avait dû leur enlever. Le plus gros des séances fut consacré aux discussions sur l'amateurisme, dont je vais parler dans le chapitre suivant.

Peu après la session de Berlin, le Dr W. Gebhardt, qui l'avait attendue pour se retirer, donna sa démission et nous élûmes à sa place le baron de Venningen, un « all-round » athlète qui devait en peu de temps devenir l'un des plus populaires parmi nous. Gebhardt, entré en 1895, était resté quatorze ans et avait certes bien travaillé. Principal fondateur du Comité Olympique allemand, il avait conduit à Athènes et à Paris les équipes de 1896 et de 1900 et avait, avec Fr. Kemény, représenté le C.I.O. à Saint-Louis. Peu après fut élu, comme second membre pour l'Italie, le conseiller d'État Attilio Brunialti, député, vice-président de l'Institut d'Éducation Physique. C'était une excellente recrue. Les deux nouveaux venus firent leurs débuts parmi nous à la réunion suivante, au printemps de 1910. Elle devait se tenir à Budapest, mais j'acceptai avec empressement la demande de nos collègues hongrois, motivée par des convenances locales, de l'ajourner à 1911. Je savais que la session de Budapest serait très mondaine et désirais intercaler entre Berlin et Budapest une réunion de travail dans une ville plus neutre. Luxembourg avait déjà été pressentie. Le gouvernement grand-ducal et la municipalité acceptaient de nous recevoir. La grande-duchesse régente, absente, fit offrir en son nom un très beau dîner. Une fête donnée au château de Septfontaines, par M. et Mme Pescatore, nous valut un collègue de plus, car nous élûmes peu après, comme membre pour le Luxembourg, en la personne de M. Maurice Pescatore, alors député, le plus sportif en même temps que le plus charmant des collaborateurs. Une mort prématurée devait seule nous l'arracher dix-neuf ans plus tard, alors que ce cavalier et chasseur indomptable venait de renouveler une dernière fois, en traversant l'Afrique de l'est à l'ouest, ses exploits cynégétiques. Je fus surpris, lorsque le ministre d'État Eyschen, chef du gouvernement, prononça sa harangue de bienvenue, de l'entendre louanger avec conviction la constitution du C.I.O. Jusqu'alors, on ne l'avait que critiquée parmi les dirigeants des fédérations dont elle gênait les ambitions. Mais amené à jeter les yeux sur les quelques articles qui la résumaient, M. Eyschen, dont le sens politique était fort estimé en Europe, avait aperçu et apprécié l'originalité de rouages si propres à assurer la complète indépendance du Comité et la défense de l'olympisme rénové envers et contre tous. Ce fut là, pour moi, un précieux encouragement à résister à certaines velléités de timidité inquiète qui se manifestaient parfois dans nos rangs.

XI

L'amateurisme

Lui ! Toujours lui. Il y avait maintenant seize ans que nous avions prétendu naïvement en finir avec lui et il était toujours là, identique et insaisissable : un vrai ballon de water-polo avec cette manière de glisser et de filer sous la main qui tient du chat et de s'en aller vous narguer à quatre mètres. Personnellement, cela m'était égal. J'en risque aujourd'hui l'aveu ; je ne me suis jamais passionné pour cette question-là. Elle m'avait servi de paravent pour convoquer le Congrès destiné à rétablir les Jeux Olympiques. Voyant l'importance qu'on lui attribuait dans les milieux sportifs, j'y apportais le zèle désirable, mais c'était un zèle sans conviction réelle. Ma conception du sport a toujours été très différente de celle d'un grand nombre — peut-être de la majorité — des sportifs. Pour moi, le sport était une religion avec église, dogmes, culte... mais surtout, sentiment religieux, et il me paraissait aussi enfantin de relier tout cela au fait d'avoir touché une pièce de cent sous que de proclamer d'emblée que le bedeau de la paroisse est nécessairement un incroyant parce qu'il a un traitement pour assurer le service du sanctuaire. Aujourd'hui que j'ai atteint — et même dépassé — l'âge où l'on peut pratiquer et proclamer librement ses hérésies, je n'hésite point à avouer ce point de vue. Cependant, faute de mieux, j'entendais bien qu'il fallait admettre certaines règles, dresser certaines barrières plus ou moins fictives et je ne demandais pas mieux que d'y aider dans la mesure du possible. Les Anglais, surtout, se montraient acharnés à cet égard. C'était un signe et un présage de force pour le C.I.O. qu'ils se tournassent vers lui en réclamant son intervention.

Le questionnaire en trois langues, envoyé en 1902 à toutes les sociétés, n'avait pas donné lieu à de bien nombreuses réponses — ni surtout bien lumineuses. Après les Jeux de Londres, la « Sporting Life » qui jouissait outre-Manche d'un certain prestige reprit l'affaire à son compte et mena avec vigueur une nouvelle enquête. Déclarant que seul, le C.I.O. avait dans le monde, grâce à l'indépendance que lui assuraient sa composition et son mode de recrutement, une situation adéquate, le journal anglais entreprit de recueillir à son intention des consultations utiles. Quelques mois plus tard, un énorme dossier nous était remis, composé de plus de 150 pièces. L'ayant parcouru avec attention et avec le désir d'y trouver du nouveau, je dus reconnaître que là encore il n'y avait que du ressassé. Il m'apparut que le mal initial venait de ce que la question n'*était pas posée* en des termes et d'une façon permettant de la résoudre ; on s'obstinait à vouloir la résoudre avant de l'avoir posée.

Un de mes collègues français, le comte Albert de Bertier, très compétent en matière sportive — et surtout, dirais-je, en *esprit sportif* — accepta de présenter à la réunion de Berlin un rapport dont nous travaillâmes ensemble, chez lui, à Compiègne, les considérants et les conclusions.

La définition de l'amateur qui avait servi de modèle à la plupart des définitions continentales ou transatlantiques était déjà vétuste. Elle provenait d'Angleterre. Elle établissait qu'on cesse d'être amateur :

1 ° En touchant un prix en espèces ;

2 ° En se mesurant avec un professionnel ;

3 ° En recevant un salaire comme professeur ou moniteur d'exercices physiques ;

4 ° En prenant part à des concours « ouverts à tous venants (*all comers*) ».

Ce qui frappe tout de suite, c'est la grande inégalité de ces quatre points. Le second est très discutable dans son absolutisme. Le troisième confond professeur et professionnel (ce que pour ma part je n'ai jamais admis) d'une façon dont le moins que l'on puisse dire, c'est qu'elle est par trop simpliste. Le quatrième a perdu toute signification. Qu'est-ce que c'est qu'un concours « ouvert à tous venants » ? Il faut se reporter pour le comprendre aux mœurs sportives anglaises d'il y a cinquante ans. En somme, c'est de la défense sociale, de la préoccupation de caste.

Toute surannée que fût une telle énumération, elle pouvait servir à l'étude de la question. Il y avait à considérer successivement : l'argent — les contacts — le professorat — les rapports de l'individu et du groupe.

J'ai relu l'autre jour — après pas mal d'années — ce rapport de 1909 et je n'ai pu m'empêcher de regretter qu'il n'ait pas, à ce moment, tout simplement passé le cap des résistances. Ses conclusions étaient franches et nettes. On eût évité, en les adoptant, combien d'ennuis, de disputes, de piétinements sur place. Surtout on eût sinon étouffé dans l'œuf, du moins fortement affaibli cette espèce néfaste — les faux amateurs — qui s'est mise à pulluler par la suite à la façon de ces hérésies des temps byzantins dont Tertullien compare le pullulement à celui des scorpions, l'été au bord du Nil. Toute source de profit direct, continu et de valeur appréciable était dénoncée ; beaucoup d'indulgence était demandée pour les peccadilles. Le principe de la requalification était admis à condition qu'il y eût, pour l'appliquer, un tribunal unique absolument indépendant et présentant toutes garanties : une sorte de Cour de La Haye pour les sports. Le serment était érigé en habitude ; serment détaillé et par écrit pour les concours ordinaires ; serment oral prêté sur le drapeau national de chacun lors des solennités olympiques. Le remboursement était admis dans les circonstances le légitimant, mais à condition de comprendre seulement le transport et le séjour, non l'argent de poche.

Nous refusions formellement de reconnaître qu'un amateur pût être dépouillé de sa qualité simplement pour s'être mesuré avec un professionnel et encore moins pour s'être mesuré avec un athlète suspendu par sa fédération ou avoir pris part à un concours « non autorisé » par elle : prétention stupéfiante et absurde que plus d'une fédération avait réussi à imposer.

Le caractère professoral était nettement distingué du caractère professionnel. Des dispositions étaient suggérées pour servir de base à une législation établie sur toutes ces données révolutionnaires, mais sages et convenant à l'avenir démocratique et cosmopolite qui se dessinait et sur les exigences prochaines duquel j'attirais volontiers l'attention de mes collègues du C.I.O. Ils étaient beaucoup moins rebelles à les admettre qu'on n'eût pu croire et les plus aristocrates de la bande n'étaient pas les plus rétrogrades, loin de là.

Par contre, plusieurs étaient timides et se tenant en contact avec l'opinion des milieux sportifs de leurs pays, ceux-là craignaient de la heurter de front et trop violemment. On demanda des atténuations, de forme tout au moins, à plusieurs parties du Rapport. Le texte qui se trouve dans la *Revue Olympique* d'août 1909 est le texte révisé, édulcoré. J'aurais bien voulu retrouver le texte premier tel qu'il fut lu au C.I.O. à Berlin. Il ne se trouve pas à sa place dans les archives et je n'ai pu réussir à mettre la main dessus.

Cette timidité à laquelle je viens de faire allusion amena le Comité à décider d'extraire du Rapport un petit nombre de questions pour les soumettre aux fédérations et groupements intéressés. Voici le questionnaire tel qu'il s'envola de nos mains peu de semaines plus tard :

1   Êtes-vous d'avis qu'on ne doit pas pouvoir être professionnel dans un sport et amateur dans un autre ?

2   Êtes-vous d'avis qu'un professeur peut au contraire être amateur dans les sports qu'il n'enseigne pas ?

3   Êtes-vous d'avis que l'amateur devenu professionnel ne doit pas pouvoir recouvrer sa qualité d'amateur ? Admettez-vous des exceptions à cette règle ? Lesquelles ?

4   Admettez-vous le remboursement aux amateurs des frais de transport et des frais d'hôtel ? Jusqu'à quelle limite ?

5   Admettez-vous qu'on puisse perdre la qualité d'amateur par simple contact avec un professionnel ?

Les réponses devaient être adressées : pour l'Europe continentale à notre collègue hongrois M. J. de Muzsa ; pour l'Empire britannique à M. Th.-A. Cook ; pour le continent américain au professeur W.-M. Sloane. C'était la même répartition que j'avais inaugurée en 1894 et qui avait paru pratique. Un long délai était donné pour étudier et motiver les réponses. Rien donc ne fut bâclé. Ce fut l'année suivante, à notre session tenue à Luxembourg (juin 1910) que nos collègues nous rendirent compte des documents reçus par eux. Hélas ! les réponses étaient follement contradictoires. Ni dans le même pays d'un sport à l'autre, ni dans des pays différents pour le même sport, on ne semblait proche d'une entente quelconque. Des affirmations ; point d'arguments. De la fantaisie ; rien de vraiment réfléchi. À faire cette constatation, j'appréciai rétrospectivement la timidité des collègues qui avaient craint d'« oser ». Peut-être nous avaient-ils épargné par là bien des ennuis. Mais dès lors les problèmes amateuristes perdirent pour moi le peu d'intérêt qu'ils gardaient encore. Je me repliai sur ma conviction que professeur et professionnel ne doivent pas être mis sur le même pied, que le serment, non de parade, mais détaillé et signé, est la seule manière d'être éclairé sur le passé sportif d'un homme car un faux serment en ce cas le disqualifie à jamais et dans tous les domaines, que les distinctions de castes ne doivent jouer aucun rôle en sport, que les temps ne sont plus où l'on peut demander aux athlètes de payer voyages et séjours, que la qualité d'amateur n'a rien à voir avec les règlements administratifs d'un groupement sportif quelconque, etc., etc., etc., qu'aussi bien il y a beaucoup de faux amateurs qu'on doit poursuivre et beaucoup de faux professionnels qu'il faut indulgencier, etc., etc., etc.

Que viens-je d'écrire ! Quels blasphèmes ! Je devrais dire comme le curé d'Alphonse Daudet, arrêté net au milieu de sa chanson à boire : « Miséricorde ! si mes paroissiens m'entendaient ! »

XII

Budapest : 1911

Comme 1905, 1911 fut une de nos années les plus fructueuses. La réunion de Budapest y joua le rôle central, mais notre activité, soit qu'elle s'y concentrât, soit qu'elle en rayonnât, s'étendit à de multiples domaines. Je rendrai en passant cet hommage à la Hongrie que, depuis la première heure, elle se montra la plus compréhensive et que, jusqu'à ce jour, elle est demeurée une des plus fidèles en matière olympique. Pour moi, c'était un pays ami. La Pologne avait exercé, par une camaraderie juvénile, une emprise sur mon enfance. La Hongrie fut le pays de l'adolescence et de la prime jeunesse comme l'Angleterre et les États-Unis, les pays du début de la vie virile, plus tard la Grèce et la Suisse, les pays de l'attachement définitif. Je dois beaucoup à tant d'amitiés cosmopolites. Elles ne nuisirent jamais en rien au culte de mon propre pays. Mais autant je crois à la valeur de ce genre de cosmopolitisme, autant j'estime qu'il faut se méfier de celui qui naît du simple *voyage* et par là, ouvre la porte à de dangereuses incompréhensions et illusions.

Budapest, pour nous recevoir au mois de mai 1911, déploya une fastueuse hospitalité. Des salles avaient été préparées au Palais de l'Académie des Sciences. C'est là que l'archiduc Joseph, représentant le souverain absent, nous adressa le 23 mai son allocution de bienvenue après celle du Premier ministre, le comte Khuen-Hedervary. Réception à la Cour, dîners offerts par le gouvernement et par la ville, festivités de tous genres, se combinent dans ma mémoire avec les harmonies tziganes qui, pendant ces jours, distillaient en nous leur étrange élixir fait de mélancolie intense et d'énergie endiablée.

Le Comité d'alors comprenait quarante-trois membres appartenant à trente et une nationalités distinctes. Il avait sa figure définitive. Il s'était puissamment renforcé par les élections de personnalités comme le baron de Venningen et le comte Sierstorpff pour l'Allemagne, le conseiller d'État Brunialti (Italie), le professeur, plus tard sénateur, Jigoro Kano, rénovateur du jiu-jitsu (Japon), le baron de Willebrand (Finlande), le général Sir Hanbury Williams (Canada), MM. Sverre (Norvège), Bolanachi (Égypte), Evert J. Wendell (États-Unis), qu'allaient bientôt rejoindre pour l'Autriche le prince Othon de Windischgraetz et le comte Rodolphe Colloredo. Tous ou presque tous étaient des sportifs au vrai sens du mot, répondant à la formule que je m'étais fixée dès le principe, c'est-à-dire des hommes assez compétents pour pouvoir approfondir n'importe quelle question spéciale, mais assez éloignés de tout spécialisme exclusif pour n'en jamais devenir les esclaves, des hommes assez internationaux pour n'être pas injustement dominés dans toute question internationale par leurs préjugés strictement nationaux, des hommes enfin susceptibles de tenir tête aux groupements techniques et certains d'échapper à toute dépendance matérielle vis-à-vis de ceux-ci. Entre tous ces hommes, maintenant accoutumés à se rencontrer et très épris du charme de leur réunion annuelle, de véritables liens d'amitié s'étaient tissés. Tout le reste de l'année, je correspondais régulièrement avec eux.

On a cru et dit — c'était une calomnie facile — qu'ils avaient tous été « nommés » par moi. Rien de plus faux. Un seul parmi tous ceux que je viens de citer avait été mon candidat personnel. Les élections ont toujours eu lieu régulièrement, mais les désignations étaient précédées de longues enquêtes, parfois d'une correspondance directe avec l'intéressé lui-même, en tous cas avec son ou ses parrains.

On s'est perdu aussi en conjectures à propos du budget du C.I.O. Il est évident qu'il ne ressemblait à aucun autre. Il n'en était pas plus mystérieux pour cela. Quand on disait aux gens que la cotisation des membres était de vingt-cinq francs par an seulement, ils n'en voulaient rien croire. C'était pourtant la pure vérité. Il en fut ainsi jusqu'à la guerre. Sur ces vingt-cinq francs, vingt allaient à la *Revue Olympique* et cinq à la caisse du C.I.O. Le budget de la *Revue Olympique*, dont les abonnements comptaient peu et qui était servie aux sociétés et aux individus dont l'appui importait, se complétait par des annonces encartées. Les frais de bureau du C.I.O., bien que « mondiaux » étaient relativement faibles. Je les avais pris à ma charge personnelle. Chaque membre payait bien entendu ses propres dépenses annuelles et les dépenses exceptionnelles que lui occasionnait la session lorsqu'elle se tenait dans son pays. Ces conditions calmaient l'ardeur de beaucoup de candidats plus ou moins indésirables. Pas un centime de subvention n'entrait dans nos caisses. Que de choses on peut faire avec des ressources même médiocres quand on a délibérément rejeté le manteau absurde et pesant des routines administratives, de la paperasserie, des documents inutiles et le joug insupportable de la pédanterie dactylographique.

Cette réunion de Budapest ne brilla pas seulement par son éclat mondain. Ses huit séances de travail furent copieusement remplies. On acheva de mettre sur pied le programme de Stockholm et si, pour les raisons que j'ai déjà dites, nous dûmes abandonner provisoirement la boxe, trois réalisations techniques s'opérèrent qui n'avaient pu encore se produire. D'abord, celle des sports équestres. Ils étaient inscrits depuis le début. La nécessité les avait fait disparaître du second programme d'Athènes par suite de l'impossibilité matérielle de se procurer les chevaux en temps voulu. Ni Paris, ni Saint-Louis n'étaient mûrs pour cette adjonction de l'équitation aux autres sports. À Londres, malgré toute la bonne volonté des organisateurs, le temps avait fait défaut et les préjugés du reste faisaient aussi obstacle. Rien de pareil à Stockholm. Encore fallait-il un effort résolu et prolongé. Notre second collègue suédois, le comte Clarence de Rosen, le donna avec un zèle et un dévouement qui ne se démentirent pas un instant. Dans un voyage de propagande à travers l'Europe, il gagna à sa cause les gouvernants et les armées. Il en résulta toutefois un caractère exclusivement militaire revêtu par ces premiers « Jeux équestres » et qui devait se prolonger aux Olympiades suivantes. Mais cela ne pouvait point s'éviter pour le début tout au moins.

Une autre nouveauté fut la création du « Pentathlon moderne ». Je l'avais déjà présenté au C.I.O. à deux reprises et l'accueil avait été incompréhensif, presque hostile. Je n'avais pas insisté. Cette fois, la grâce de l'Esprit-Saint sportif éclaira mes collègues et ils acceptèrent une épreuve à laquelle j'attachais une grande valeur : véritable sacrement de l'athlète complet, le Pentathlon moderne devait comprendre : une course à pied, une course à cheval, une course de natation, un assaut d'épée et finalement une épreuve de tir à laquelle j'aurais préféré substituer une course à l'aviron, mais cela eût compliqué grandement l'organisation déjà passablement difficile. Le Pentathlon moderne a, depuis lors, obtenu un succès croissant sans qu'aient jamais été réalisées mes intentions véritables : parcours inconnus du concurrent, épreuves se succédant presque sans intervalle, chevaux fournis par le pays organisateur et tirés au sort au dernier moment, voilà ce qui devait, à mon sens, donner à l'ensemble un caractère pédagogique de premier ordre. Une opposition de caste s'est perpétuellement dressée à l'encontre de cette manière de voir et elle a fini par amener les organisateurs actuels à l'oubli total du respect des principes posés par le créateur du Pentathlon.

La troisième des réalisations dont je veux parler fut l'institution de prix de chasse et d'alpinisme destinés à récompenser la plus belle ascension et le plus bel exploit cynégétique accompli depuis la célébration de la précédente Olympiade. L'idée avait été émise dès le congrès initial de 1894 et nous avait été transmise par cette assemblée sous forme d'un vœu favorable. Je la voyais complétée plus tard par un troisième prix olympique du même genre pour l'aviation. Tout cela était dans l'ordre : *all games, all nations.* C'était, de plus, d'une organisation facile, de frais insignifiants... Cependant, sur ce triple terrain, une indifférence apathique et parfois même un mauvais vouloir sans cause discernable se sont manifestés ; cela s'est fait, cela ne s'est plus fait ; il n'y a eu là que caprice et manque de suite apparents. J'espère qu'on reviendra à la formule susdite. Elle est bonne.

La mise en pratique des concours d'art s'opéra également cinq ans après que le programme en avait été arrêté par la Conférence de Paris. Des règles et prescriptions très simples furent publiées en allemand, anglais, français (*Revue Olympique* de septembre 1911), mais non sans réticences du Comité suédois auquel le bureau du C.I.O. dut promettre son concours direct pour la diffusion des invitations. J'ai su depuis que les artistes et écrivains suédois avaient manifesté une violente opposition et j'aurai occasion de dire à quelle situation bizarre cela nous conduisit.

Pour encourager les futurs concurrents et créer, si possible, un mouvement favorable, nous fîmes au C.I.O., durant cette année 1911, de grands efforts. Mes collègues, je dois dire, avaient, pour la plupart, quelque peine à s'intéresser vraiment à cette partie de l'œuvre. C'est à moi qu'incombèrent en général le travail et la dépense. D'abord un Concours spécial d'architecture fut ouvert à Paris et j'en pus faire accepter le patronage par le président Fallières. Il s'agissait d'établir les plans d'une « Olympie moderne ». Tous concurrents étaient admis sans distinctions de nationalité ou autres. Le sujet avait été exposé et commenté préalablement dans une série d'articles de la *Revue Olympique* échelonnés d'octobre 1909 à mars 1910. Certes, il ouvrait assez de problèmes techniques et de perspectives variées pour attirer de jeunes architectes. La correspondance témoignait pourtant de la part de ceux-ci de beaucoup d'hésitation et de froideur. À la suite de ces articles, réunis en brochure pour la propagande, la *Revue* publia une seconde série sous le titre : « Décoration, Pyrotechnie, Harmonies, Cortèges ». Le texte en fut envoyé aux sociétés, aux écoles, aux groupements d'art ainsi qu'aux petits cénacles « intellectuels » susceptibles d'y prêter attention.

Lorsque le jury du Concours de l'Olympie moderne, présidé par M. Th. Homolle, ancien directeur de l'École d'Athènes et maintenant directeur des musées nationaux français, eut décerné le prix au très beau projet de deux architectes vaudois, MM. Eugène Monod et A. Laverrière, une fête fut donnée par le C.I.O. en l'honneur des lauréats ; fête originale et, je puis dire, la plus belle au point de vue eurythmique à laquelle j'aie jamais assisté. Elle eut lieu la nuit, dans la cour de la Sorbonne, qu'emplissaient, malgré le temps menaçant, deux mille invités. Derrière des bosquets artificiels se dissimulaient un orchestre et des chœurs. La cour était plongée dans l'obscurité. Des jeux de lumière très étudiés permettaient sous le péristyle des alternances et des colorations diverses. Le programme musical, les mouvements de cent gymnastes porteurs de torches et de palmes, qui faisaient fonctions de figurants et des seize éphèbes demi-nus, dont les exercices silencieux occupaient l'esplanade s'étendant devant la chapelle de Richelieu, tout cela visait à maintenir une harmonie constante de sons, de lumière, de silences, de silhouettes... La beauté architecturale du décor y ai-dait grandement. L'intermède d'escrime moyenâgeuse et moderne à la fois, le petit cortège de vielles et de cornemuses accompagnant le « Pas d'armes du roi Jean », de Saint-Saëns, les danses féminines helléniques, enfin la représentation du charmant à-propos écrit par Maurice Pottecher, « Le philosophe et les athlètes » dans lequel s'encastrait une passe de vraie lutte, tout cela se succéda jusqu'au moment où dans les combles du monument, au pied du dôme, s'allumèrent les flammes de bengale, tandis que des chœurs de Rameau et de Palestrina versaient sur une assistance à la fois en-thousiasmée et recueillie leurs harmonies magnifiques. Pour cet ensemble, il n'avait fallu que la participation d'une société de gym-nastique, d'une salle d'armes et de sociétés musicales d'un quartier de Paris. Ce ne fut pas seulement pour moi la réalisation d'un rêve merveilleux, mais l'acquisition d'une certitude concernant l'art po-pulaire. La civilisation à cet égard avait fait fausse route et seul le « retour de l'eurythmie » la replacerait dans la bonne direction : l'eurythmie, chose perdue, dont on parle sans même se douter en quoi elle consista jadis !

***

Le numéro de la *Revue Olympique* qui contient le récit de la fête du 16 mai 1911, et en même temps les comptes rendus de la ses-sion de Budapest (qui s'ouvrit huit jours plus tard), contient encore le programme préliminaire du Congrès de Psychologie Sportive, convoqué à Lausanne pour 1913, et l'annonce pour le printemps de 1914 de grandes fêtes dont Paris serait le théâtre et par lesquelles serait glorifié le vingtième anniversaire du rétablissement des Jeux Olympiques, en même temps qu'un Congrès de délégués des comités nationaux permettrait d'arrêter les conditions techniques définitives des Jeux futurs. Budapest symbolise ainsi pour nous la solidité des assises sur lesquelles nous avions édifié le C.I.O. et la grandeur des espoirs qu'il nous était permis de concevoir pour l'achèvement de l'édifice : ce que je tentai d'exprimer en faisant graver sur une nouvelle médaille la devise que je souhaitais voir substituer à l'éternel *Mens sana in corpore sano*, dont l'idéal « excellemment hygiénique » restait « un peu trop médical pour être proposé aux ambitions des jeunes gens ». Le *Mens fervida in corpore lacertoso* partit de là. « Messieurs les athlètes, plaisanta un journal, auront un équilibre bien joli à maintenir entre l'ardeur pétulante de l'esprit et la souplesse audacieuse du corps. Ce sera presque de l'aéroplane. On en tombe ; on s'y tue même, mais la fin est glorieuse, et sur les ailes de ce biplan-là, ceux qui ne tombent pas ont la chance d'atteindre peut-être les plus hauts sommets du parfait olympisme. »

***

Pour en finir avec l'année 1911, je dois mentionner ma visite en Hollande. Après m'être arrêté à Bruxelles, à Anvers et un peu plus longtemps à La Haye et à l'Université de Leyde, j'avais assisté à Amsterdam à une réunion des présidents et sociétés sportives néerlandaises, et à l'issue d'un dîner donné par notre cher collègue de Tuyll, j'avais posé, d'accord avec lui, un premier jalon en vue d'une célébration future des Jeux Olympiques en Hollande. Il me semblait que très probante et pleine d'enseignements serait cette expérience-là. Les grandes métropoles ne convenaient pas tellement à de telles manifestations. La Haye ou Amsterdam étaient mieux indiquées. Mais les Hollandais semblaient à la fois désireux de voir choisir leurs villes et intimidés par les responsabilités à encourir en le demandant. La question fut discutée dans un petit article en langue hollandaise que publia notre *Revue*. À partir de ce moment, l'éventualité demeura sur l'horizon, et pour l'y maintenir, nous avions en la personne de F. W. de Tuyll le plus convaincu et le plus convaincant des apôtres. Dix-huit ans plus tard, l'éventualité deviendrait réalité. Malheureusement, il se serait plus là pour en jouir.

XIII

La cinquième Olympiade (Stockholm 1912)

Il ne restait plus grand-chose maintenant des tentatives faites pour supplanter le C.I.O. par la création d'un nouveau rouage international. Sloane m'avait écrit le 27 février 1911 que non seulement Sullivan se rendait compte désormais de l'inanité d'un pareil effort, mais qu'invité à se joindre à un groupe d'irréductibles qui en rêvaient encore, il s'y était refusé et s'était même employé à les décourager. Les fédérations, elles, se pliaient avec moins de résignation à la force des faits. L'Union Cycliste Internationale avait en 1909 proclamé sa résolution de refuser toute participation aux «Jeux Olympiques du Comité International», réservant des sourires éventuels «à ceux qui se tiendraient à Athènes». Mais le comité hellène, qui avait espéré célébrer en 1910, au pied de l'Acropole, des Jeux intermédiaires ce à quoi nous aurions aidé aussi loyalement qu'en 1906 — se voyait obligé d'y renoncer. Question d'argent. Crise économique. Nous reçûmes d'Athènes la proposition officieuse de faire entrer la série athénienne dans notre propre cycle. Les Jeux seraient célébrés tous les huit ans en Grèce, tous les huit ans dans un autre pays. Il était impossible d'accéder à ce désir. C'eût été torpiller nous-mêmes notre œuvre sans profit pour personne. La politique internationale était bien trop instable pour que rien de fixe n'intervînt longtemps d'avance dans le choix du siège des Jeux. Il fallait préserver l'entière liberté du C. I. O à cet égard aussi.

Avec les cyclistes, c'étaient les rameurs qui, dans un Congrès tenu à Lucerne dès la fin de 1908, avaient tenté contre le C.I.O. une manœuvre assez peu reluisante. Échec partout. En même temps que les fédérations éprouvaient l'inefficacité de leurs attaques, les comités olympiques nationaux consolidaient leur pouvoir. MM. Bolanachi et le comte Gautier-Vignal en avaient constitué en Égypte et à Monaco, dont le khédive régnant et le souverain monégasque avaient accepté la présidence honoraire. Les comités anglais et allemands étaient toujours indiscutés. De même en Hongrie. Le Comité américain prenait, sous la présidence du colonel Thompson, avec Sullivan comme secrétaire, sa figure définitive. Les comités belge, danois, espagnol (ce dernier tout récemment formé par notre collègue le marquis de Villamejor, frère du comte de Romanonès) fonctionnaient bien. Le colonel S. W.

Djoukitch venait d'en créer un en Serbie. Il y en avait en Australie, au Canada, en Hollande, en Italie, au Japon, en Norvège, au Portugal, en Roumanie. Seules, la formule française et la formule suisse avaient peine à s'exprimer. Cependant elles s'acheminaient vers des solutions ménageant ici les susceptibilités des fédérations locales et là, celles des indépendances cantonales.

Mais il y avait aussi un comité tchèque et un comité finlandais. Le premier était même des plus anciens. Ébauché dès 1899, il avait été formé définitivement en 1903. Le Docteur Jiri Guth-Jarkovsky avait apporté à le constituer toute la persévérance et la ténacité dont son patriotisme tchèque était capable. Il avait obtenu non seulement la présidence honoraire du maire de Prague M. Srb, mais le protectorat du prince Lobkovitz, statthalter. Quant à la Finlande, pour moins ancien, son comité n'était pas moins attaché à l'indépendance nationale et nous avions en 1908 élu un collègue finlandais en la personne du baron de Willebrand. Or, les temps avaient marché. Les Jeux Olympiques devenaient affaire d'État. Les familles royales s'en mêlaient et les gouvernements aussi... si bien qu'à Pétersbourg et à Vienne l'orage commença de gronder.

Heureusement, l'affaire fut mal entamée en Autriche. Au lieu de s'en prendre aux seuls Tchèques, on mit en cause les Hongrois. Question d'alphabet. Les Suédois, pour ne pas paraître favoriser l'anglais ou l'allemand plutôt que le français, affectaient d'utiliser plus que de raison la langue suédoise, que personne ne comprenait hors du royaume. C'est ainsi que, bien longtemps à l'avance, les journaux s'occupèrent de l'ordre alphabétique dans lequel, le jour de l'ouverture, défileraient les athlètes. L'attention du ministre d'Autriche à Stockholm ayant été ainsi attirée prématurément sur cette question secondaire, il fit observer à Vienne que les athlètes autrichiens et les Hongrois devaient, pour bien faire, défiler en un seul contingent. La Chancellerie impériale entra dans ses vues, et informa Stockholm qu'en effet il en devrait être ainsi. Or, les Hongrois prirent de travers cet empiètement sur leurs droits olympiques, et à la date du 19 janvier 1912, M. de Muzsa fit savoir en Suède, de la part du Comité national, que leurs hommes s'abstiendraient de participer aux Jeux si l'exigence était maintenue. Émoi, correspondance diplomatique. Enfin, retraite tacite de la Chancellerie.

À ce moment, il y avait déjà plusieurs mois que les footballers autrichiens avaient réclamé l'exclusion des équipes tchèques et cherché à mêler les Allemands à leur querelle. Ce qui rendait la situation délicate, c'est que notre nouveau collègue, le prince de

Windischgraetz était, par son mariage avec l'archiduchesse Élisabeth, devenu le propre petit-fils de l'empereur François-Joseph, et que, quelles que fussent ses vues et ses tendances conciliantes, il ne pouvait, en cette circonstance, se mettre en opposition avec sa Chancellerie, laquelle réclamait la disparition du nom de la Bohême de la liste des États olympiques. Sur ces entrefaites m'arriva une lettre par laquelle l'ambassadeur de Russie à Paris, M. Iswolsky, réclamait de même la radiation de la Finlande de la part du « ministère impérial des Affaires étrangères ».

L'affaire avait trois aspects. La composition du Comité International Olympique se trouvait, dans une certaine mesure, en cause, puis la formation et l'ordre de marche des contingents participant aux Jeux, enfin la couleur du drapeau qui serait arboré en cas de victoire d'un athlète tchèque ou finlandais. Le comité suédois, nanti des premières protestations, avait répondu très loyalement qu'il appartenait au C.I.O. de décider, et que sa décision serait respectée. Mes collègues n'auraient pas admis que l'on prétendît forcer deux d'entre eux à démissionner, mais tel n'était pas le cas. Ni le docteur Jiri Guth, ni le baron de Willebrand ne se trouvaient personnellement obligés d'en venir là. On demandait simplement qu'en regard de leurs noms sur la liste du C.I.O., figurassent les mots : Autriche au lieu de Bohême, Russie au lieu de Finlande. On attendait donc la décision du C.I.O., et les membres du C.I.O. attendaient celle de leur président.

J'étais perplexe, car d'un côté il y avait un fait politique certain, de l'autre une juste cause et la gratitude à témoigner à des pays qui nous avaient fidèlement appuyés. Mes sentiments personnels devaient être réfrénés dans la mesure où mes fonctions me l'imposeraient. Si j'avais pu, j'aurais voulu donner une place à part, non pas seulement à la Bohême et à la Finlande, mais à la Pologne et à l'Irlande. Ayant spontanément, avant l'arrivée de la lettre russe pressentie, transporté la Finlande sur la liste à la suite de la Russie, et placé la Bohême entre l'Autriche et la Belgique, je commençai une longue controverse genre diplomatique, c'est-à-dire en employant des formules nuancées. Je fis état de cette concession, rappelai que le tsar portait le titre de grand-duc de Finlande, et l'empereur d'Autriche celui de roi de Bohême, qu'ainsi ces deux États avaient un statut les différenciant d'autres territoires de moindre autonomie ; surtout je revins sans cesse sur l'existence indéniable d'une « géographie sportive », distincte de la géographie politique ; j'opposai la manière dont nous avions dû reconnaître ce fait en faveur de la Bohême et de la Finlande, au refus que nous avions opposé à la demande des Sokols croates, formulée l'année dernière et ne reposant pas sur des titres incontestables... Tout mon effort tendit à gagner du temps, et pour cela j'embrouillai la correspondance, écrivant tantôt à Pétersbourg ou à Vienne directement, tantôt à Stockholm, tantôt aux comités nationaux. Je ne tardai pas à constater que tout cela ennuyait fort, non seulement M. Iswolsky, mais le ministère russe, et en effet Pétersbourg finit par nous laisser tranquilles. Avec Vienne, plus tenace, il fallut finalement céder, d'accord avec le comité tchèque lui-même, dont les initiales (C.O.T.) continuèrent seules de figurer sur la liste comme un rappel et une espérance. La question des drapeaux fut solutionnée comme suit : une flamme aux couleurs tchèques ou finlandaises surmonterait, en cas de victoire, les drapeaux autrichien ou russe. Il en fut ainsi, grâce à quoi les couleurs russes montèrent au mât ! Remarque que je me donnai le plaisir de faire au général Woyeikof à la fin des Jeux. Car il fut présent, le fameux général de cour, dont le rôle au seuil de la révolution devait être si discuté. Il fut présent à la tête d'une énorme mission de jeunes officiers, embarqués sur un vaisseau de guerre, et qu'accompagnait même un orchestre militaire de balalaïkas : ce, pour la plus grande joie de la grande duchesse Marie, épouse, depuis divorcée, du prince Guillaume de Suède et demeurée russe dans l'âme.

Ces détails, dont je me garderai de prolonger le récit, indiquent suffisamment que la Ve Olympiade eut comme les plus beaux rosiers, des tiges épineuses ! En effet, quels entrelacs de difficultés diplomatiques, de petites intrigues personnelles, de susceptibilités à ménager, de vanités blessées, de pièges tendus sous la mousse. Il fallait vivre en éveil constant et deviner d'avance les incidents pour les empêcher de grandir. Telles furent les épines. Mais que dire pour dépeindre les roses ! Quelle floraison charmante ! Jamais l'été suédois n'avait mieux étalé les magnificences dont il est capable. Ce furent, cinq semaines durant, la liesse continue de la nature, le soleil étincelant à travers la brise de mer, les nuits radieuses, la joie des pavoisements multicolores, des guirlandes fleuries et des illuminations nuancées par l'éclat d'une lumière qui ne mourait jamais. Dans le cadre admirable de la cité, la gaîté générale de la jeunesse se donnait libre cours. On ne dormait guère, mais personne n'avait envie de dormir. Les fêtes succédaient aux fêtes sans nuire aux exploits musculaires. Le stade gothique, avec ses ogives et ses tours, sa perfection technique, le bon ordre et la méthode de ses règlements, semblait un modèle du genre. On le vit transformé en salle de banquet, en salle de concert, en salle de danse et toujours prêt le lendemain matin pour la succession des performances. On le vit en une nuit se couvrir de gazon par plaques juxtaposées, se creuser d'obstacles et s'orner de massifs fleuris pour les jeux équestres. Tout se faisait sans bruit, sans délai, sans erreur aucune. Tandis qu'à Londres la vie de l'énorme métropole n'avait pu être influencée par le voisinage de l'olympisme, tout Stockholm s'en montrait imprégné. La ville entière participait à l'effort en l'honneur des étrangers et l'on avait comme une vision de ce qu'avait dû être, aux temps antiques, l'atmosphère d'Olympie — mais une vision agrandie et embellie par la présence de toutes les facilités et de tous les agréments modernes que ne venaient ici entacher nulle laideur en sorte que l'Hellénisme et le Progrès semblaient s'être associés pour recevoir ensemble.

Le prince royal était partout, infatigable, lucide, pratique, souriant et son comité lui ressemblait. Balck dominait la circonstance de sa silhouette populaire. Point de détail si minime dont il ne s'occupât. C'était son triomphe, cette Olympiade, l'aboutissement de ses luttes passées pour amener son pays à épouser le sport sous toutes ses formes sans répudier pour cela la gymnastique traditionnelle. Et s'il y avait encore quelques pontifes austères de ce culte exclusif qui, dit-on, avaient fui Stockholm pour n'y point voir dresser les engins du culte agrandi, l'opinion n'en était pas moins avec Balck.

***

Je reprends la *Revue Olympique* de 1912 entrée dans la septième année de son existence hebdomadaire et vouée plus que jamais à son rôle éducatif. Le numéro de juin est tout entier consacré à la Suède, à son histoire à vol d'oiseau, à son équilibre présent ; des extraits propres à la faire connaître du charmant livre qu'André Bellessort venait de publier s'y trouvent reproduits. L'organisation sportive suédoise y est résumée. La Suède se met en frais pour recevoir la Jeunesse des deux mondes. Celle-ci ne doit-elle pas, à son tour, s'instruire de ce qui concerne la Suède... Ce point de vue est développé en tête du numéro suivant en anglais, sous le titre « Pax olimpica » : un ravissant sermon ailé, juvénile, sorti de la plume de Laffan, classique en même temps et évoquant la grande pensée de tolérance et de respect mutuel léguée par l'olympisme antique : un sermon qui portera ses fruits, car jamais encore n'aura régné si bonne harmonie entre tant de sportifs. Puis vient le rapport sur les concours artistiques et littéraires. Pas bien brillants les résultats et encore affaiblis par la prétention des artistes suédois de faire bande à part et d'organiser un second petit concours entre eux, prétention à laquelle on a eu la faiblesse de céder et que son incorrection eût dû faire écarter d'emblée. Mais enfin les premiers concours ont eu lieu, des prix vont être décernés, les œuvres primées vont être exposées. C'est le premier pas, l'essentiel.

Le numéro d'août contient le procès-verbal de la session du C.I.O. ouverte le 4 juillet, au Palais du Riksdag, dans la salle du Sénat, en présence du prince royal et de la princesse et des autres membres de la famille royale : session très nombreuse ; nos collègues anglais, américains, allemands, italiens, austro-hongrois sont au complet. Notre collègue japonais, pour la première fois, participe à nos travaux. La VIe Olympiade sera célébrée à Berlin ; le chancelier de l'Empire envoie les vœux du kaiser. Tout s'annonce bien. D'ici là le Congrès de Paris fixera un programme et des règlements définitifs.

Le numéro de juillet publie le résultat des Jeux. Les États-Unis ont eu 26 premiers prix, la Suède 23, l'Angleterre 10, la Finlande 9, la France 7, l'Allemagne 5. Puis viennent l'Italie, la Hongrie, la Norvège, le Sud-Afrique, le Canada, la Belgique, la Grèce, la Hollande, etc.

Il y a eu deux pentathlons : le « moderne » — le mien — dont les débuts ont été très brillants et le « classique » dont le vainqueur a couru les 200 mètres en 22 s. 9/10 et le 1 500 en 4 m. 44 s., a sauté 7 m. 70, a lancé le disque à 35 m. 57 et le javelot à 46 m. 71. Or les chiffres atteints par les vainqueurs de ces concours séparés ont été : 21 s. 7/10, 3 m. 56 s., 7 m. 60, 45 mètres et 60 mètres. Comparaison intéressante entre l'all-round et le spécialiste.

***

L'équipe américaine est venue sur un grand paquebot qui a pu remonter jusqu'à Stockholm et servir d'hôtellerie : paquebot aménagé pour l'entraînement continuel avec pistes sur le pont, bicyclettes n'avançant pas, piscine de toile où les nageurs attachés par une corde sont ramenés en arrière à chaque brasse, disques et javelots tenus en laisse et pouvant impunément tomber à la mer. Un tel effort technique doublé d'une discipline impeccable méritait sa récompense et l'a eue. Sullivan, complètement rallié, dirigeait le contingent avec une *maestria* et une conscience absolues et le colonel Thompson, qui le présidait et qui habitait sur son yacht, augmentait par la cordialité de son accueil les sympathies que s'attiraient ses jeunes compatriotes.

L'Angleterre, malgré l'ardeur des dirigeants, s'était mal préparée et manquait perdre courage devant la liste de ses échecs, mais la Finlande, sans ressources financières, sans terrains, handicapée

103

par ses hivers trop longs, remportait des lauriers étonnants, simplement parce que ses fils avaient *voulu* les lui rapporter.

***

Un record. Une Suédoise, Mme Wersäll, avait six fils engagés dans les Jeux, les derniers en qualité de boy-scouts enrôlés pour aider à l'ordre et aux messages. N'est-ce pas antique ? Le C.I.O. lui a décerné la médaille olympique.

Deux innovations. À Londres, il y avait Saint-Paul. À Stockholm, point de cathédrale digne de ce nom. Alors un bref service religieux a eu lieu dans le stade au moment de l'ouverture : un simple psaume, une prière en suédois par l'archevêque d'Upsal, puis une autre en anglais composée et dite par le Rév. Laffan : dix minutes en tout. Et, au milieu du grand silence de ces milliers de spectateurs et d'athlètes, cela touchait au sublime. Mais j'eus le sentiment que nous outrepassions nos droits...

Pour éviter les décorations, le roi en avait créé une : une médaille d'argent avec un ruban bleu et jaune pâle qui devait être donnée largement. C'était une solution parfaite, mais les quêteurs de distinctions opérèrent dans la coulisse, si bien qu'à la fin des Jeux, il y eut de nouveau cette insupportable affaire, les titres à soupeser, les « échanges » entre les ordres du pays amphitryon et ceux des pays visiteurs, les marchandages, les hiérarchies à prendre en considération...

La presse ?... Pas encore au point, décidément, quant à l'esprit critique et à l'impartialité. Progrès sur Londres pourtant. Avec malignité, la presse étrangère annonça que « le déficit allait être de 400 000 marks » et prétendit « qu'il en serait toujours ainsi ». Alors j'ai prié Balck de m'envoyer le plus vite possible les comptes afin de les rendre publics. 776.000 couronnes de dépenses ; 822.767 couronnes de recettes. Bel excédent. Quant à l'érection du stade qui, achevé, coûterait un million environ, c'était un édifice permanent dont les subventions de l'État et de la ville permettaient de faire les frais. Stockholm y gagnait de toutes les manières.

***

La splendeur des Jeux équestres fut le dernier acte. Rosen les avait voulus magnifiques et s'y était dépensé sans compter. Ils le furent. Le rideau tomba sur cette apothéose. Puis les départs. L'heure de se quitter sonna et, tandis que s'achevait le rapide été du Nord et que la lumière commençait de se faire oblique, le dernier visiteur s'en alla plein de gratitude envers ses amis scandinaves et d'espérance en l'avenir olympique...

XIV

Le Congrès de Psychologie Sportive
(Lausanne 1913)

La Suisse de la fin du XIXe siècle n'était point sportive, ou du moins d'elle on eût pu dire aussi «qu'elle l'était sans l'être tout en l'étant»... Elle l'était à la manière de Tœpffer qui n'était pas mauvaise, mais insulariste et pas du tout internationale. La Suisse avait ses gymnastes, ses tireurs, ses lutteurs alpestres et s'en tenait là. Elle n'aspirait point à des lauriers extérieurs et utilisait ses montagnes pour la marche et pas encore pour les sports d'hiver. Elle était politiquement très cantonaliste et se méfiait volontiers de ses pouvoirs fédéraux. Elle ne prit pour ces motifs aucun intérêt au rétablissement des Jeux Olympiques et sa carence ne m'avait pas affligé, car je ne la connaissais guère. Telle je la voyais, de loin, telle elle me semblait devoir demeurer. D'une évolution interne, les touristes qui la traversaient n'avaient nulle conscience et j'étais comme eux. Amené en 1903 par des circonstances fortuites à l'étude de ses institutions et mis en contact avec ses nouveaux rouages militaires, grâce à l'un de ses officiers les plus réputés, le colonel de Loÿs, je compris aussitôt qu'il y avait au centre de l'Europe un petit État dont les destins, bien loin d'être révolus, recélaient un avenir considérable et qui jouait en silence le rôle de jardin d'essai des nations civilisées. Dès lors, la Suisse m'intéressa infiniment.

Du point de vue sportif, elle apparaissait tellement favorisée par la nature et les circonstances ataviques et autres que l'on ne concevait pas sa lenteur à en profiter.

« La Suisse, reine des sports » est le titre d'un article paru dans la *Revue Olympique* de novembre 1906 et qui, rétrospectivement, prend une allure un peu prophétique bien que la prophétie ne soit pas encore totalement accomplie.

Un tel pays était prédestiné à jouer un rôle olympique considérable, mais il fallait l'en convaincre. Et ce n'est pas faire à ses fils une injure que de leur rappeler qu'on n'obtient facilement d'eux que ce qu'ils veulent bien donner. Notre collègue suisse Godefroy de Blonay en savait quelque chose, lui, qui dépensa une longue patience à édifier un comité olympique national sur les aspérités d'un soubassement cantonal, souvent rebelle à ce genre de constructions.

Mais je n'écris pas ici une étude sur la Suisse. En rédigeant mon *Histoire universelle*, j'ai pu dire en toute sincérité mon admiration pour elle. Ici, je voulais seulement rappeler comment, désirant faire la conquête de la Suisse, je commençai par Lausanne et pourquoi, cherchant à conquérir Lausanne, j'eus recours au stratagème d'un congrès scientifique.

Lausanne, qui fut à plusieurs reprises dans le passé une ville internationale depuis le jour où le pape y vint poser la couronne impériale sur le front de Rodolphe de Habsbourg, Lausanne, au début du XXe siècle, chômait quelque peu à cet égard. On y consultait des médecins célèbres, on s'y arrêtait avec plaisir au passage, certains même s'y attardaient en lézards heureux, mais elle n'avait pas de rôle défini à jouer. Son université, récemment installée dans un palais dont l'architecture un peu inattendue avait, du moins, la fraîcheur et l'éclat de la jeunesse, occupait une place des plus honorables dans le monde des études sans qu'elle y exerçât de prépondérance aucune. Étalée délicieusement au bord du lac, couronnée de forêts, munie de toutes les possibilités sportives imaginables, elle était, pour y établir (dans ses murs ou tout à proximité) le siège administratif de l'olympisme, la mieux désignée qui put se concevoir. Pour cela, il fallait d'abord s'y introduire.

Je souhaitais voir se détourner vers la psychologie une attention médicale qui s'accentuait assez rapidement et dont je redoutais le caractère trop exclusivement physiologique. Ayant eu beaucoup d'amis médecins, à commencer par le sportif et charmant Fernand Lagrange, l'auteur de la *Physiologie des Exercices du Corps*, je puis me permettre de dire d'eux quelque mal. Aussi bien m'en suis-je expliqué il n'y a pas encore longtemps dans *Praxis*, le journal bilingue des médecins suisses, à propos du « cas morbide » qui, au lieu d'être considéré comme l'exception ainsi qu'en fait cela se doit, tendait de plus en plus à s'imposer comme la norme en une infinité de domaines et en particulier dans le domaine sportif. Ce n'est pas ici le lieu de tenter même un résumé d'une question si délicate. Mais ce que j'en dis là suffit à donner la genèse du Congrès de Lausanne. J'en avais parlé dès 1909 à mes collègues et leur apportai deux ans plus tard, à la réunion de Budapest, un programme qu'ils accueillirent avec empressement et qui fut peu après publié en allemand, en anglais, en français et en italien. Il est court ; je crois utile d'en reproduire ici le texte français :

Origines de l'activité sportive

APTITUDES NATURELLES de l'individu ; aptitudes générales (souplesse, adresse, force, endurance) ; aptitudes spéciales (facilité innée à une forme déterminée d'exercice). — Rôle et influence de l'ATAVISME sportif ; observations et conclusions à en tirer. — Les aptitudes naturelles suffisent-elles à inciter l'individu ou bien faut-il encore l'INSTINCT SPORTIF ? Nature et action de cet instinct. — Peut-il être provoqué ou suppléé par l'esprit d'IMITATION et l'intervention de la VOLONTÉ ?

Continuité et modalités

La continuité qui seule fait le véritable sportsman n'est assurée que lorsque le BESOIN est créé. Le besoin sportif ne peut-il pas se créer physiquement par l'habitude découlant soit de l'AUTOMATISME musculaire, soit de la soif d'air engendrée par l'exercice intensif et aussi moralement par l'AMBITION, soit que cette ambition provienne du désir des applaudissements, soit qu'elle vise un objet plus noble, tel que la recherche de la beauté, de la santé ou de la puissance.

PARTICULARITÉS psychologiques de chaque catégorie d'exercices : qualités INTELLECTUELLES et MORALES développées ou utilisables par chaque sport. — Différentes conditions de la pratique des sports : SOLITUDE et CAMARADERIE ; ENTR'AIDE et CONCURRENCE ; INITIATIVE et DISCIPLINE ; formation et développement d'une équipe.

Résultats

Du caractère rigoureusement exact des résultats sportifs. — L'entraînement : différences avec l'état d'ACCOUTUMANCE. — L'entraînement normal peut être purement physique et n'aboutir qu'à la RÉSISTANCE, mais il peut aussi contribuer au PROGRÈS MORAL par le développement du vouloir, du courage et de la CONFIANCE EN SOI et sans doute aussi au progrès intellectuel par la production de CALME et d'ORDRE MENTAL. Dans quelles conditions ?

Enfin, l'activité sportive ne contient-elle pas le germe d'une PHILOSOPHIE pratique de la VIE ?

***

Ce programme, il fallait le défendre contre la science médicale si j'ose ainsi dire, y gagner au contraire les philosophes et les pédagogues et commencer si possible d'y intéresser les sportifs eux-mêmes. Ce fut — ô paradoxe ! — un médecin qui m'y aida, un vieil ami de mes beaux-parents, le docteur Morax, alors directeur du

Service sanitaire vaudois. Ses trois fils ont marqué dans les arts, les lettres et les sciences. Il menait à Morges une existence patriarcale agrémentée par tous les réflexes de la vie générale. Rien ne se passait en Europe ni au-delà qui ne trouva un écho sympathique judicieux et équilibré chez ce vieillard entouré de jeunesse et ami des initiatives les plus osées. Il prit tout de suite au Congrès un intérêt chaleureux, saisissant à demi-mot mes arrière-pensées et les motifs secrets de son opportunité olympique aussi bien qu'helvétique. Par lui, je gagnai la collaboration d'un professeur de l'Université, M. Millioud — dont Benito Mussolini, alors dans l'ombre où il luttait courageusement contre le destin adverse, se souvient d'avoir suivi les cours — celle du recteur, M. de Felice, du directeur d'une école privée renommée, M. Auckenthaler... Ainsi se créa l'équipe initiale. Je m'assurai pour prononcer le discours d'ouverture un historien-philosophe de marque, Guglielmo Ferrero, ainsi que l'envoi d'une communication écrite de Théodore Roosevelt. Après cela, je ne me faisais guère illusion sur les discussions qui allaient s'ouvrir. Les sujets indiqués étaient trop inhabituels, ils demeuraient trop étrangers à la plupart des congressistes pour que l'ensemble ne déraillât pas en cours de route. Mais le programme resterait, le prestige de certains noms aussi et l'originalité de la tentative finirait par capter l'attention.

Le Congrès s'ouvrit le jeudi matin 8 mai 1913. L'avant- veille et la veille s'était tenue, dans la salle du Sénat Universitaire, la session du C.I.O. dans lequel entraient trois nouveaux membres : le duc de Somerset, pour l'Angleterre, le comte de Penha-Garcia, pour le Portugal, et le baron de Laveleye pour la Belgique. La séance d'ouverture eut lieu dans l'Aula. La ville était pavoisée. Les petits boy-scouts faisaient la haie sur le perron. Les beaux chœurs de l'Union Chorale et du Chœur d'Hommes de Lausanne se firent applaudir, puis le conseiller fédéral Decoppet prit la parole au nom du Conseil suprême de la Confédération. J'eus le chagrin, dans ma réponse, de devoir faire l'éloge funèbre du docteur Morax, récemment disparu. Ferrero prononça ensuite un discours original et d'une haute portée philosophique. Après quoi le Congrès me confia la présidence de ses travaux et choisit pour vice-présidents les délégués des gouvernements belge et autrichien, ainsi que le professeur Millioud et M. Auckenthaler. Il a été publié un volume contenant les mémoires présentés. Beaucoup sont intéressants mais témoignent, comme je viens de le dire, d'une grande difficulté à se maintenir sur le terrain délimité. L'autobiographie de Roosevelt valait la plus éloquente des leçons de choses : aussi une étude profonde de Louis Dedet, ancien athlète, maintenant directeur du célèbre Collège de Normandie, sur l'équipe, sa formation, sa vie organique, sa dissociation...

La municipalité de Lausanne et son syndic, M. P. Maillefer, avaient inauguré la série des fêtes le 7 mai. Le lendemain soir, sur la fameuse terrasse de l'Abbaye de l'Arc d'où l'on embrasse à travers les arbres séculaires tout le panorama du Léman, eut lieu une fête telle qu'on n'en eût pu organiser ailleurs. Sur les pelouses, vingt-deux des plus beaux lutteurs qu'entouraient leurs camarades pâtres et bergers dans leurs pittoresques costumes, se mesurèrent à la lueur des torches de résine. Derrière les massifs chantaient les chœurs. Puis le « Ranz des Vaches » retentit, tandis que les torches une à une s'éteignaient et que les dernières passes de lutte s'achevaient à la clarté lunaire. Le troisième soir, une revue « gaie », spécialement mise sur pied pour le Congrès, fut donnée au Kursaal. Beaucoup de spirituels couplets et de danses furent bissés. Il y eut encore une fête vénitienne à Ouchy, un bal donné par le baron et la baronne Godefroy de Blonay, qui avaient déjà reçu les membres du C.I.O. au château de Grandson, enfin, pour la clôture, un déjeuner donné par le Conseil d'État du canton de Vaud dans les salles historiques du château de Chillon et agrémenté de décorations et de costumes savamment restitués.

***

Le C.I.O. n'avait point de conséquences pratiques à tirer de ce congrès. Il s'était borné à servir de parrain à un ordre nouveau de sujets d'études scientifiques et ne pouvait que constater avec satisfaction les conditions très satisfaisantes dans lesquelles le baptême avait été célébré. Au cours de sa session, après avoir réglé pas mal d'« affaires courantes », selon l'expression consacrée pour désigner celles qui précisément sont restées quelque temps stagnantes, après avoir discuté et voté les programmes et règlements du Congrès de Paris convoqué pour l'année suivante, le C.I.O. s'était trouvé aux prises avec l'affaire Thorpe.

Les Jeux de la Ve Olympiade étaient clos lorsque James Thorpe, le vainqueur du Pentathlon classique et du Décathlon, se vit accuser de professionnalisme déguisé. Le dossier avait été transmis par le Comité suédois et le Comité américain au C.I.O., qui se trouvait appelé pour la première fois à exercer un arbitrage de cette nature dans un cas aussi retentissant. Ce dossier se composait de quatre pièces : une lettre de James Thorpe à Sullivan, une lettre du directeur du collège de Carlisle, en Pennsylvanie, au même Sullivan,

109

une note de Sullivan au président du C.I.O., enfin, une « déclaration » du président et du secrétaire de l'Amateur Athletic Union des États-Unis et du Comité Olympique, lesquels, ayant examiné le cas, donnaient leur opinion motivée. Après vingt ans passés, la lecture de ces documents m'a laissé sous la même impression de dignité et de loyauté parfaites qui avaient été l'impression de la première heure ; et pas seulement pour moi, mais pour tous mes collègues. Aussi ce fut sur la proposition des membres anglais présents en 1913, le duc de Somerset et le révérend Laffan, que le C.I.O., sa décision prise, adressa des félicitations aux dirigeants américains pour leur attitude « si nettement sportive » en cette circonstance. Il n'a pas manqué de gens pour dire que Thorpe était un citoyen américain d'origine indienne et qu'on l'avait, à cause de cela, plus aisément « lâché ». C'est là une calomnie. Ce « lâchage » faisait rétrograder les États-Unis sur le tableau d'honneur de 1912 de façon sensible à l'orgueil national. Des faits reprochés à Thorpe, je n'ai rien à dire. Il y avait en ce temps, aux États-Unis, bien des étudiants peu fortunés et passionnés de sport qui, l'été, entraient dans des équipes professionnelles de base-ball, et souvent sous des noms d'emprunt. Thorpe, en 1909 et 1910, l'avait fait sous son propre nom, mais sans réaliser les conséquences de sa légèreté. On ne l'avait point su, et, rentré au collège de Carlisle, il avait depuis lors été toujours considéré comme un amateur. En lisant sa lettre si franche, celle si sincèrement émue du directeur de collège, comment ne pas évoquer certains joueurs de tennis qui en avaient fait bien d'autres sans être inquiétés ?... Mais il n'y avait pas à hésiter quand même et Thorpe, disqualifié, dut rendre les prix qu'il avait rapportés de Stockholm.

XV

Le XXe Anniversaire des Jeux Olympiques (Paris 1914)

Vers 1910, il me fut montré au ministère des Affaires Étrangères un document dont je ne me rappelle plus la teneur mais qui, transmis à un autre département, était revenu au quai d'Orsay portant en travers, d'une grande écriture rageuse, ces mots : « Le gouvernement français ne reconnaît pas les Jeux Olympiques ». Il ne m'eût pas été très difficile d'identifier le rond-de-cuir supérieur qui avait ainsi exhalé ses mauvaises pensées. Mais si sa personnalité me laissait indifférent, la forme de son affirmation m'avait agacé : « Ah ! me dis-je, attends un peu ! Tu vas voir si le gouvernement français ne reconnaît pas les Jeux Olympiques ! » De ce jour fut arrêté en moi la volonté formelle de donner à la célébration du XXe Anniversaire de leur rétablissement, en juin 1914, un caractère tel que le Tout-Paris officiel et mondain apparût unanime dans son hommage à l'institution rénovée.

Il n'y avait qu'un véritable obstacle... au départ. Il fallait forcer la main au gouvernement et lui imposer le patronage de la célébration au lieu de le lui demander selon l'usage — ce qui eût amené enquêtes, contre-enquêtes, avis motivés... et toute la série des paperasseries habituelles à notre sacro- sainte administration. Le C.I.O. allait se réunir à Budapest (mai 1911). Le président du Conseil, ministre de l'Intérieur, M. Monis, était alité à la suite d'un accident... Je me dirigeai vers la place Beauveau et fis passer ma carte au chef ou au sous-chef de son cabinet, qui, si je ne me trompe, portait le même nom que le ministre et devait être son parent. Je trouvai un jeune homme élégant, très homme du monde et qui comprit tout de suite la situation. « Voyez, lui dis-je, ce qui va se passer. Un vote va être émis par un comité où siègent quatre Français au milieu de quarante étrangers appartenant à trente pays différents[1]. Ce vote décidera la célébration à Paris, en juin 1914, du XXe Anniversaire du Rétablissement des Jeux Olympiques et fera hommage du patronage de cette célébration à la République Française. Quel effet fâcheux si cet hommage n'était

---

[1] C'étaient les chiffres de 1910. Les quatre Français étaient : MM. Ballif, de Bertier, Callot et Gautier-Vignal (membre pour Monaco). Depuis longtemps j'avais établi que le président ne devait pas compter au point de vue national.

pas accepté aussitôt et si la réponse devait venir au bout de longtemps non sans avoir été discutée de droite et de gauche. D'autre part, je sais parfaitement que nos habitudes administratives et politiques imposent ce circuit. Voici le texte de la lettre que j'adresserai, sitôt le vote rendu, à M. le Président du Conseil. Que penseriez-vous d'une réponse conçue à peu près en ces termes ?»... Et je donnai lecture de ma lettre et de la réponse dont le texte se trouve dans la *Revue Olympique* de juillet 1911 : « Vous avez bien voulu me faire part du vote par lequel le C.I.O., assemblé à Budapest, etc. (suivaient les précisions désirables)... J'ai l'honneur de vous remercier de cette intéressante communication et je vous prie d'être auprès de MM. les Membres du C.I.O. l'interprète des sentiments de reconnaissante sympathie du Gouvernement français. »

Les choses se passèrent ainsi. Le vote fut émis par acclamation le 25 mai. Moins de quatre semaines plus tard, j'étais en possession de la lettre du ministre, conçue dans les termes convenus. Je résolus ensuite de partager avec une commission spéciale, élue par le C.I.O., les travaux préparatoires au grand Congrès des Comités Nationaux et de garder pour moi seul l'organisation des fêtes dont au reste une grande partie des dépenses m'incombait. La Commission fut composée, sous ma présidence, de MM. Brunetta d'Usseaux, de Blonay, Callot, Laffan, Sloane, de Tuyll et de Venningen. Elle avait pour mission principale de préparer la représentation numérique des comités olympiques nationaux au Congrès et ensuite d'étudier les bases possibles d'un programme type pour les Olympiades futures. La Commission s'assembla huit mois plus tard, les 27 et 28 mars 1912, à Bâle, pour entendre les rapports du prof. Sloane sur la première question, et du Rév. Laffan sur la seconde. Divers présidents de comités nationaux, notamment MM. Duvignau de Lanneau (France), de Laveleye (Belgique), étaient venus exposer les vues de leurs collègues. Le bureau des fédérations européennes de gymnastique et les fédérations internationales de tir, de natation et d'aviron avaient été conviées à donner leur avis. Au cours de la session de Stockholm, quatre mois plus tard, le C.I.O. approuva avec quelques retouches les propositions de la Commission et lui donna mandat de poursuivre ses travaux. La Commission, en effet, profita du séjour en Suède des présidents ou représentants des comités olympiques allemand, américain, belge, russe, italien, autrichien, danois, australien, français, grec, hollandais, hongrois, japonais, luxembourgeois, norvégien et finlandais[2] pour s'entretenir avec eux, ainsi qu'avec des athlètes de ces diverses nationalités. Cela procura une documentation abondante sur les desiderata et l'état d'esprit des milieux techniques. En même temps, je remis à tous les comités l'invitation officielle pour Paris. La Commission s'assembla à nouveau à Lausanne à la veille du Congrès de 1913. À la suite de l'approbation définitive donnée à ses propositions par le C.I.O., le programme et les règlements du Congrès de Paris furent publiés par la *Revue Olympique* de juin 1913 en français, allemand et anglais.

Les comités reconnus par le C.I.O. avaient droit au nombre maximum de délégués suivants : pour l'Allemagne, l'Angleterre, la France, les États-Unis, l'Italie et la Russie, 10 ; pour l'Autriche, la Belgique, l'Espagne, la Grèce, la Hollande, la Hongrie et la Suède, 6 ; pour tous les autres pays, 5 ; sauf les comités finlandais, luxembourgeois, monégasque et tchèque, qui n'en auraient que 2. Les membres du C.I.O. ayant comme tels le droit de vote ne pouvaient être délégués de leur comité national. Les pays ne possédant pas de comité national pourraient envoyer trois délégués présentés par leur ministre des Affaires Étrangères, mais qui n'auraient que voix consultative. Venaient ensuite ce qui concernait la vérification des pouvoirs, le bureau du Congrès, les délibérations et discussions, les langues autorisées (français, anglais, allemand), puis les questions proposées (qualification : sexe, âge, nationalité, amateurisme des concurrents aux Jeux — nombre d'engagements pour chaque sport — liste des épreuves obligatoires, sports facultatifs — règlements techniques — jurys et récompenses). Je ne donne là que les têtes de chapitres. Tout cela était très détaillé et, comme on l'a vu, était issu de délibérations qui avaient duré près de deux ans et s'étaient appuyées sur des enquêtes approfondies.

***

Avant de mettre debout le programme des fêtes, j'avais voulu laisser s'achever le septennat du président Fallières qui, de tous les chefs d'État français depuis la démission de Jules Grévy, était assurément le moins olympique. Sitôt son successeur élu, j'aviserais, mais un certain nombre de démarches « mondaines » avaient déjà abouti. Dès le premier printemps de 1913, je me rendis à Paris et trouvai, près du nouveau président M. Raymond

---

[2] Beaucoup de membres du C. I. O. trouvaient avantage à n'être point présidents du Comité National de leur pays et, en général, nous préférions qu'il en fût ainsi.

113

Poincaré, l'accueil le plus compréhensif. Je visitai en même temps le ministre des Affaires Étrangères, M. S. Pichon, que j'avais connu résident général à Tunis, et le président du Conseil Municipal de Paris. Tout fut vite réglé. Peu après le Congrès et la session de Lausanne, je retournai à Paris porter au chef de l'État un programme détaillé qui s'étendait sur quatorze jours et ne comprenait pas moins de dix-sept cérémonies ou festivités. Lui-même y figurait trois fois : à la Sorbonne, au Trocadéro et... à l'Élysée. Le président se mit à rire. C'était exactement une année d'avance. « C'est   définitif ?... » demanda-t-il.

« Absolument », répondis-je. « Alors, j'en prends note », dit-il simplement. Il transcrivit les dates qui l'intéressaient sur un calepin. Comme je risquais quelques explications quant au caractère que j'avais cherché à donner à cet ensemble : « Oh ! j'ai compris, interrompit-il. *Toute la France !* » Et un sourire satisfait indiqua que son patriotisme approuvait pleinement.

Toute la France ! Il y a des mots qui sont à eux seuls une récompense. Et, en effet, dans le programme que venait d'approuver le Président, une fête à l'Hôtel de La Rochefoucauld, donnée par le duc et la duchesse de Doudeauville, une garden-party au château de Maintenon, chez le duc et la duchesse de Noailles, un « manège-paré », offert par le comte Potocki s'encastraient entre les réceptions de l'Élysée, du ministère des Affaires Étrangères et de l'Hôtel de Ville. Il y aurait encore une fête d'escrime au Cercle Hoche, organisée par son président le duc Decazes, une fête nocturne au Bois de Boulogne et une fête d'aviron sur la Seine, données par nos collègues français le comte de Bertier et M. Albert Glandaz, une soirée à l'ambassade d'Allemagne... à quoi s'ajoutèrent plus tard une soirée du comte Brunetta et un dîner original au restaurant des Ambassadeurs, sur invitation du président du Comité américain, le colonel Thompson.

Toute la France... Une représentation de la Comédie-Française, qui faisait partie de nos réceptions personnelles à Mme de Coubertin et à moi, comportait trois étapes de l'Art Français, du « Franc Archer de Bagnolet », à Flers et Caillavet. Tous les programmes ou menus furent gravés par Stern, selon des styles d'époques différentes. La *Revue Olympique* consacra un numéro à des récits anecdotiques concernant les sites ou monuments parisiens par lesquels passeraient les congressistes, du Bois de Boulogne à la Sorbonne en comprenant Sainte-Clotilde, le Panthéon, l'Élysée, le Trocadéro, les demeures particulières, l'Hôtel de Ville, etc. Enfin, une brochure luxueusement éditée intitulée : *Notes sur la France contemporaine*, fut remise à chaque congressiste. MM. A. Ribot, Léon Bourgeois, Edm. Perrier,... une douzaine de compétences notoires y avaient collaboré. On se demandera où j'en voulais venir. À ce moment, je ne croyais pas du tout la guerre prochaine ni même fatale. Peut-être aurai-je un jour l'occasion d'exposer les motifs de cette opinion ; mais j'estimais que rien n'était mieux de nature à provoquer la guerre que la passion de l'auto-dénigrement qui avait atteint chez mes compatriotes, le degré le plus absurde. Et j'avais d'autant moins de peine à combattre cette passion que je ne l'estimais justifiée par aucune réalité concrète. Deux ans auparavant, causant à Stockholm avec un officier supérieur allemand sous la courtoisie duquel perçait un imperceptible dédain pour la France républicaine, je lui avais dit qu'à mon avis, à aucune période de son histoire contemporaine, la France n'avait recélé un pareil trésor de forces latentes et éparses, dont il suffirait d'une commotion pour constituer un bloc invincible. Je me souviens de la stupeur empreinte dans son regard à l'énoncé de cette opinion par le chef d'un groupement ultra-aristocratique. Il me sentait convaincu. Je n'avais donc en juin 1914 aucun effort à faire pour m'inspirer dans mes actes du sentiment exprimé en toute sincérité en 1912.

Mais comme le sort est souvent ironique, il fit surgir juste à point autre chose d'assez français... une double crise ministérielle battant les records antérieurs d'instabilité politique. Les congressistes, en arrivant à Paris, y virent tomber le lendemain même de sa constitution le cabinet Ribot, dans lequel M. Léon Bourgeois avait le portefeuille des Affaires Étrangères. Deux jours après devait avoir lieu la réception au quai d'Orsay... « Elle n'aura pas lieu, naturellement ? » me dirent des voix amusées sans le vouloir paraître. « Et pourquoi donc ? — Il n'y a pas de ministre. — Il y en aura un. » Et, en effet, M. et Mme Viviani, installés le matin même, se tenaient à l'heure dite à l'entrée des salons, amènes et souriants comme s'ils avaient ordonné eux-mêmes le moindre détail de la soirée. Dans cette nombreuse équipe internationale que formaient les membres du Congrès (pas loin de cent quarante), il y avait des hommes cultivés, mûris par la vie, ayant occupé des fonctions importantes. Plus d'un fut surpris de voir de près la façon dont à Paris, se défaisaient et se refaisaient les cabinets et surtout de noter le peu de désarroi que semblait produire chez les Français une panne ministérielle.

La cérémonie commémorative de la Sorbonne, que présidait le chef de l'État, entouré de tous les ambassadeurs et au cours de laquelle furent présentés plus de cent adresses ou télégrammes émanant de souverains, de princes héritiers, de gouvernements, d'universités et de sociétés, fut embellie par l'audition des fameux chanteurs suédois venus à Paris à l'occasion des fêtes. Pour la première fois parut en public le drapeau olympique, dont on venait de fabriquer une grande quantité et qui eut beaucoup de succès. Tout blanc avec les cinq anneaux enlacés : bleu, jaune, noir, vert, rouge, il symbolisait les cinq parties du monde unies par l'olympisme et reproduisait les couleurs de toutes les nations.

Le Festival du Trocadéro me donna quelques déboires. Le scénario avait été tracé sur un plan de gradation rythmique. Après un préambule exécuté par un septuor de harpes dans une obscurité bleutée, les « Échos du passé », hymnes antiques et byzantins, avaient été interprétés par le chœur de l'Église grecque. Puis tandis que la lumière renaissait lentement, les « Voix du Nord », celles des chanteurs suédois, évoquaient l'espérance du renouveau olympique dont la troisième partie célébrait la résurrection, mettant en jeu les masses compactes de l'École de Chant Choral, tout cela coupé de morceaux d'orgue dont la tonalité allait s'accentuant, et de stances par lesquelles s'exprimait la pensée directrice jusqu'à l'apothéose finale : un cortège de jeunes filles, en costume antique, venant couronner les drapeaux des nations organisatrices des cinq premières Olympiades : Grèce, France, États-Unis, Angleterre, Suède. La *Marseillaise* fameuse, harmonisée par Gossec et accompagnée du son des cloches, retentissait alors... Les harmonies furent parfaites mais les jeux de lumière assez mal réglés et le cortège un peu désuni.

Le Président s'était prêté pour respecter l'eurythmie à une entrée obscure et silencieuse, au grand scandale du Protocole !

Ces fêtes de 1914 terminées à Reims par une représentation splendide donnée par le marquis de Polignac au Collège d'Athlètes n'avaient nullement nui aux travaux du Congrès. Hormis le jour de l'excursion à Maintenon, il y avait toujours eu deux séances par jour, une le matin et une l'après-midi, de 2 à 4 heures ; en tout quinze séances. On fit ainsi une besogne considérable. La bonne volonté des délégués ne se lassa pas. Ils donnèrent jusqu'au bout leur effort. Je présidais toutes les séances, une seule exceptée, et n'en eus aucun ennui. Les interventions oratoires furent toujours mesurées ; des résumés en français ou en anglais plutôt que des traductions permirent à tous de s'entendre rapidement. Je tâchais surtout de maintenir de la diversité et de l'animation dans le débat tout en le raccourcissant le plus possible. Le programme entier, malgré son étendue, put être passé en revue. Nul ne se doutait que les procès-verbaux du Congrès ne seraient jamais publiés. Rédigés en trois langues, une commission avait été désignée pour en comparer les textes de façon à éviter toute erreur. Cette commission devait s'assembler au mois d'août et la publication se faire à l'automne. Ce ne fut qu'en novembre 1919, cinq ans plus tard, que le C.I.O. fit imprimer les décisions adoptées concernant les épreuves fixées, les jurys, les règlements spéciaux, les engagements et les qualifications, etc. Tout cela avait été arrêté en vue des Jeux de la VIe Olympiade auxquels dès alors Berlin se préparait avec le désir marqué de surpasser ce qui avait été réalisé précédemment. C'est pourquoi les engagements étaient prévus en nombre considérable et presque tous les sports figuraient au programme général de ces Jeux de 1916, qu'une tragédie mondiale allait brusquement supprimer.

XVI

Les quatre années de guerre

La guerre, en mettant aux prises l'Allemagne, l'Angleterre, l'Autriche-Hongrie, la Belgique, la France, la Russie, la Serbie, créait un état de choses qui pouvait menacer l'institution olympique dans son essence même et dont le premier effet devait être de mettre fin à toutes velléités de retraite de son président.

Il avait été, en effet, dans mon désir de renoncer aux fonctions que j'exerçais de fait depuis vingt ans et, bien qu'aucune décision n'eût été prise, je m'étais entretenu de cette éventualité avec plusieurs de mes collègues. Maintenant il ne pouvait plus être question pour moi de démissionner avant 1917, date d'expiration de mon mandat décennal. Un capitaine ne quitte pas le pont du navire pendant la tempête.

Deux problèmes surgirent immédiatement, l'un concernant les Jeux prochains, et l'autre la composition même du C.I.O.

Sur le premier point, il ne s'était pas écoulé deux semaines depuis l'invasion de la Belgique, que je me trouvais saisi de propositions de « transfert »; d'abord des projets vagues puis bientôt précisés par une intervention favorable de Sullivan, qui avait été un des piliers du récent congrès et dont le loyalisme s'affirmait maintenant inébranlable. Il demandait des « directives ». Il n'y avait pas à hésiter. *Une Olympiade peut n'être pas célébrée ; son chiffre demeure.* C'est la tradition antique. Les Allemands qui croyaient alors à une guerre rapide et à une victoire certaine ne demandaient pas à être déchargés du mandat olympique. Prendre à cet égard une initiative en faveur des États-Unis ou de la Scandinavie, c'était courir au-devant d'aventures difficiles à prévoir et risquer des fissures ultérieures dans le bloc olympique, sans aucun avantage pour personne. Je me refusai donc à toute espèce d'action en ce sens.

La composition du Comité n'eût pas été en question si l'opinion britannique qui, pour la première fois, manquait de mesure et de pondération n'avait pas exigé de certains groupements internationaux de caractère académique ou scientifique l'expulsion des membres de nationalité germanique. Ni la France, ni la Belgique, ni la Russie ne paraissaient disposées à en faire autant. Là encore, agir c'était semer du mauvais grain dans un sol inconnu. La situation eût pu être gênante s'il y eût eu un Allemand ou un Autrichien dans le Bureau du C.I.O., mais ce n'était pas le cas. Il pouvait donc subsister tel quel avec simple suspension de ses sessions. Plus tard on aviserait. Anticiper sur l'avenir par des décisions précipitées n'eût été qu'une maladresse inutile. Je repoussai donc, approuvé par mes collègues belges et français, la sommation de M. Th. A. Cook qui donna sa démission.

Ces deux points réglés, il s'en présenta deux autres où, tout à l'inverse, j'estimais qu'une prompte action s'imposait. Le siège social du C.I.O. était imprécis. On le croyait à Paris parce qu'alors j'y avais mon domicile principal. Mais nous vivions sur une règle datant de l'origine et d'après laquelle le siège social se transportait tous les quatre ans dans le pays de la prochaine Olympiade : privilège devenu fictif, sans doute, mais dont quand même on pouvait tout à coup se réclamer à Berlin. Aussi bien, dans l'état actuel de l'Europe, une stabilité administrative devenait indispensable à l'olympisme.

Nous en avions déjà parlé au C.I.O. et mes collègues n'avaient pas paru approuver très chaleureusement mes desseins. En présence de la gravité des circonstances, ayant avisé ceux qui se trouvaient à portée, je décidai de passer outre aux objections et, le 10 avril 1915, dans la salle des séances de l'Hôtel de Ville de Lausanne, furent échangées les signatures qui établissaient dans cette ville le centre administratif mondial et les archives de l'olympisme rénové. M. de Blonay, membre pour la Suisse, m'assistait. Le syndic, M. Maillefer, et les membres de la municipalité reçurent le dépôt au nom de la ville. Le Conseil d'État du Canton de Vaud s'était associé à cet acte important auquel M. Motta, alors comme aujourd'hui, président de la Confédération, participa par l'envoi d'un télégramme chaleureux, au nom du Conseil fédéral.

Ma seconde initiative porta sur la célébration future des Jeux de la VIIe Olympiade (1920). La session du C.I.O. qui s'était tenue à Paris en juin 1914 avait eu déjà à s'en occuper. Budapest et Anvers avaient posé leur candidature. Cette dernière cité s'était fait représenter par une délégation qui nous avait remis, magnifiquement imprimée et reliée, une Adresse éloquente. Il était alors trop tôt pour en décider. Une sorte de vote de départage préalable avait divisé les voix presque également, accusant une légère tendance à avantager Budapest.

Sur ces entrefaites, au mois d'octobre 1914, alors que la mission qui m'avait été confiée par le Gouvernement français, dès son installation à Bordeaux, m'amenait à courir la France en tout sens, j'avais passé à plusieurs reprises par Lyon. Là, M. Herriot m'avait fait voir le magnifique stade dont il avait entrepris la construction.

Consulté par lui sur l'opportunité d'une candidature de la ville de Lyon pour 1920 ou 1924, je m'étais gardé d'y contredire.

Au cours de l'année suivante, je provoquai la signature d'un acte important par lequel la ville, tout en demandant les Jeux de la VIIe Olympiade (1920), déclarait se désister en faveur d'Anvers, si Anvers maintenait sa candidature pour cette date, reportant alors sa propre demande sur 1924. L'acte fut signé par le maire de Lyon et, pour la Belgique, par le comte d'Assche. Peu après, une lettre éloquente du comte de Baillet apporta une confirmation de l'accord au nom du Comité olympique belge. Ainsi, autant j'étais résolu à empêcher toute mesure de transfert pour 1916, autant il me paraissait désirable de poser, pour 1920, et même pour 1924, des jalons sérieux dans des sols différents. C'est pourquoi non content de prévoir Anvers et Lyon, j'écoutai un peu plus tard les propositions qui venaient d'Amérique.

Mais non des États-Unis. Sullivan venait de mourir très inopinément : on n'en continuait pas moins à formuler des offres mirobolantes. Le prestige du C.I.O. avait été entretenu, là-bas, par l'*International Olympic Committee Day*, consacré par l'Exposition de San Francisco à l'honorer spécialement. C'est une coutume des expositions américaines de dédier ainsi des journées à des pays ou à des institutions. Un des organisateurs, qui se trouvait à Stockholm en 1912, y avait pris une haute idée de l'Olympisme. Le Pentathlon moderne surtout l'avait enthousiasmé. Ne pouvant célébrer de Jeux Olympiques à San Francisco en 1915, il avait demandé du moins le patronage du C.I.O. pour une épreuve de Pentathlon. Notre collègue Allison Armour avait été chargé de nous représenter. Le 18 mars 1915 donc, le drapeau olympique avait flotté sur l'Exposition et, dans la grande cour d'honneur, un speech grandiloquent avait été prononcé par le président de l'Exposition en même temps qu'étaient échangées des médailles.

Peu après, Cuba entra en scène. On s'était accoutumé maintenant à l'idée que la VIe Olympiade passât sans être célébrée tout en continuant de compter dans la liste, à la façon antique. Et c'était sur 1920 que se portaient les ambitions. Atlanta, Cleveland, Philadelphie avaient offert mont et merveilles. Le comité qui se constituait à La Havane était moins affirmatif, plus conscient des difficultés, mais en même temps assuré de l'appui des pouvoirs publics, y compris celui du chef de la république, le président Menocal.

Que le projet dût aboutir ou être retiré, il aidait à la conquête du Sud-Amérique, pour laquelle les services de la propagande, auxquels j'étais alors mêlé, me fournissaient un appui précieux. Nous avions eu de ce côté beaucoup de déboires : des membres argentins successifs qui n'avaient été d'aucun secours et là-bas, tantôt une incompréhension totale, tantôt des velléités d'indépendance poussées à l'extrême et fort incommodes. Un moment, les clubs chiliens avaient fait la vie très dure à notre collègue, le professeur Garcia, pourtant élu sur la recommandation de leur gouvernement, et le moins que je puisse dire de la délégation militaire chilienne aux Jeux de Stockholm, est qu'elle avait été peu correcte à l'égard du C.I.O. ; après cela on avait voulu, à Buenos Aires, monter une « Olympiade » indépendante. Au Brésil, l'organisation sportive était lente à se développer, mais nous avions en M. de Rio Branco, ancien capitaine de football, maintenant ministre à Berne, un collaborateur sûr et dévoué. Je pus en 1916 créer, à Paris, un Comité transitoire, dont M. de Matheu, consul général du Salvador, fut la cheville ouvrière et qui, grâce à lui, se livra à la propagande la plus active.

Une brochure illustrée intitulée « Que es el olimpismo ? » fut abondamment répandue dans les pays sud-américains, superposant son action à celle du Comité espagnol, auquel le zèle et la générosité du marquis de Villamejor avaient insufflé une vie nouvelle. De Madrid aussi où j'eus en 1916 l'occasion de présider une séance de ce comité, partit un effort de propagande par la diffusion d'une brochure de l'Olympisme.

L'hommage retentissant rendu au C.I.O., à San Francisco avait eu une répercussion plus directe encore aux Philippines, où les Américains s'étaient, dès le début de leur pénétration, préoccupés d'implanter le sport. Déjà avant la guerre, je m'étais mis en relation avec la Far Eastern Athletic Association, dont le siège était à Manille, et dont le président en 1915 était le docteur Wu Ting Fang, de Shanghai, qu'entouraient d'excellents conseillers américains. Avec l'appui éclairé des gens de la Y. M. C. A., ils faisaient de remarquables besognes et, maintenant que le prestige du C.I.O. avait atteint leurs rivages, se montraient assez désireux de placer leurs « Jeux d'Extrême-Orient » sous son égide. Ils se jugeaient appelés à régénérer la Chine, le Japon, le Siam et en additionnaient les chiffres de population avec complaisance. Sans admettre en pareille matière les progressions toujours strictement mathématiques des évaluations américaines pour l'avenir, nous étions prêts à leur faire confiance. Ils avaient, m'écrivaient-ils : « établi un *Kindergarten olympique* ». C'est bien ainsi que nous l'entendions. Ce qui se perdait d'un côté, pour nous, se récupérerait donc de l'autre et j'avais eu raison d'écrire dans un des derniers numéros de la

Revue Olympique que si la guerre quelque jour empêchait une Olympiade d'être célébrée en Europe, la suivante le serait, et que si la jeunesse venait à laisser temporairement tomber de ses mains le flambeau olympique, il se trouverait de l'autre côté du monde une autre jeunesse prête à le relever.

La *Revue Olympique* avait été des premières victimes de l'ouragan. Son dernier numéro avait été celui de juillet 1914. Impossible de la continuer. À vrai dire, j'avais décidé de m'en décharger à partir de décembre suivant et mes collègues avaient été invités par moi à lui substituer un Bulletin en trois langues d'ordre plus technique. J'estimais qu'au soir de la récente apothéose, elle avait achevé sa mission et je désirais moi-même plus de loisirs pour mes travaux historiques. Mais de juillet à décembre, elle publierait et éclaircirait les documents et procès-verbaux du Congrès. Le sort en décida autrement. On l'imprimait à Gand et dans la tourmente nombre des collections mises de côté se trouvèrent détruites.

Pendant la guerre disparurent le comte Brunetta d'Usseaux, le baron de Venningen, tué au front dès les premières semaines, et Evert Wendell. En outre, M. A. Ballif, démissionnaire, avait été remplacé par le marquis de Polignac. En 1918, peu avant l'armistice, furent élus trois Américains du Nord et du Sud, MM. Bartow Weeks, Dorn y de Alsua et P.-J. de Matheu. Enfin, mes propres pouvoirs étaient venus à expiration en 1917 et avaient été renouvelés par l'intermédiaire de M. de Blonay, qui avait bien voulu, à partir du 1er janvier 1916, accepter de me remplacer dans mes fonctions officielles fort réduites du reste du fait qu'il ne pouvait y avoir de réunion ni plénière, ni partielle, tant que la paix n'était pas signée. Toutes choses du moins demeuraient en l'état.

XVII

La septième Olympiade (Anvers 1920)

Sitôt l'armistice signé, je me préoccupai de réunir les collègues qui étaient le plus à portée parmi les « dirigeants ». Il importait que cette session se tînt à Lausanne, devenue entre-temps le centre administratif permanent de l'Olympisme et dont il fallait que fussent ainsi consacrés les titres. Au printemps de 1919, il allait y avoir vingt-cinq ans du rétablissement des Jeux. Sans donner à cette coïncidence une importance que les circonstances ne comportaient pas, on pouvait y trouver le moyen d'assurer à la session un relief de bon aloi. Les pouvoirs publics suisses adhérèrent à cette idée. M. Gustave Ador, récemment élu à la présidence de la Confédération où l'avaient poussé malgré lui la notoriété universelle dont il jouissait et la reconnaissance des belligérants pour ses efforts à panser leurs blessures, accepta aussitôt de présider la cérémonie qui eut lieu avec toute la solennité désirable, mais au milieu de l'inclémence d'un hiver qui s'attardait. Nos amis lausannois, guidés par l'infatigable et dévoué Dr Messerli, firent à notre session un cadre brillant et varié.

Les délibérations furent paisibles comme il convient entre amis heureux de se retrouver et de constater la solidité de l'armature olympique. C'est hors de l'enceinte que régnait l'agitation. Paris en était le centre. Chose inouïe, une opposition hargneuse et peu loyale dans ses procédés était dirigée contre Anvers. S'il y avait, en un pareil moment, un geste qui s'imposait, c'était bien celui que nous voulions dessiner en choisissant Anvers comme siège de la VIIe Olympiade. Quelle candidature égalait celle-là ? J'ose dire que, dûment avertie, la conscience du monde se fût manifestée avec enthousiasme en sa faveur. En Belgique, du moins, on était attentif à notre réunion et le gouvernement royal, conscient de la charge que représentait l'attribution des Jeux, se déclarait prêt à l'accepter.

Le comte de Baillet-Latour ne s'était pas borné à s'en entretenir avec le roi Albert et les ministres. Il avait, avec son idéalisme réaliste, examiné les possibilités et était résolu à aboutir. Bien qu'au passage on eût fortement tenté de le décourager, il donna, réconforté du reste par les assurances qu'apportait d'Angleterre le révérend Laffan, la promesse anversoise que tout serait prêt à l'heure dite. Et tout devait l'être en effet.

Cuba s'était peu à peu effacée. Devant la candidature belge, les autres ne pouvaient tenir. Mais un gros problème se dressait : la participation des « empires centraux », comme on disait encore. Or quelques mois à peine s'étaient écoulés depuis que le dernier soldat allemand avait évacué la Belgique et que, sur le front de guerre, le dernier coup de canon avait retenti. Le bon sens indiquait que des équipes allemandes ne pouvaient, sans imprudence, prétendre à se montrer dans le stade olympique avant 1924. D'autre part, proclamer solennellement un ostracisme quelconque, fût-ce au lendemain du conflit qui venait d'ensanglanter l'Europe, constituerait une déchirure dans cette constitution olympique jusque-là si résistante ; et il en pourrait résulter un précédent dangereux. Mais la solution était très simple. C'est, à chaque Olympiade, le comité organisateur qui, selon la formule employée dès 1896, transmet les invitations. Il est ainsi le maître de cette distribution, sans que le principe fondamental de l'universalité ait à subir d'atteinte directe. Le C.I.O. n'avait donc pas de décision nouvelle à prendre. Néanmoins, on s'arrêta, contrairement à l'avis de plusieurs d'entre nous à un moyen terme qui consistait à énumérer les pays qui seraient invités, sous prétexte que les autres n'étaient pas représentés au C.I.O. C'était une double faute, car si la mort en Allemagne, les démissions ailleurs avaient fait des vides dans nos rangs, il restait les Hongrois, qui n'étaient ni morts ni démissionnaires.

Au cours de la session de 1919, on vit arriver à Lausanne quatorze avions militaires français, venus de Nancy sur invitation de l'École lausannoise d'aviation civile. Une lettre du président du Conseil, ministre de la Guerre, me faisait savoir en même temps qu'en envoyant cette escadrille, avec l'autorisation du gouvernement fédéral et « à l'occasion du XXVe anniversaire du Rétablissement des Jeux Olympiques », M. Clemenceau entendait marquer la « haute estime » en laquelle il tenait le C.I.O. et son œuvre. Par-là, les mécontents furent invités au silence mais ils continuèrent, pendant longtemps encore, de gronder et de marquer de beaucoup de manières leur mauvais vouloir. Que cherchaient-ils ? Rien de précis. Mis en demeure, finalement, d'exprimer leurs griefs, les journaux qui les soutenaient se turent et la participation française s'organisa à son tour.

À Anvers, l'activité directoriale — et parfois dictatoriale — de notre collègue faisait merveille. Il fallait tout créer et tout fut créé, non pas, certes, avec l'ampleur et la somptuosité prévues par les projets primitifs présentés au C.I.O. avant la guerre, lorsqu'avait été posée pour la première fois la candidature de la ville, mais d'une façon parfaitement ordonnée et avec autant de mesure et de tact que d'élégance et d'éclat. Sur le nombre et la qualité des engagements, nous fûmes vite rassurés. Une des inquiétudes exprimées le plus généralement avait porté sur le fait de la disparition brutale de tant d'athlètes et sur l'absence d'entraînement de ceux qui restaient. À cet égard, les « Interallied Games », célébrés à Paris au printemps de 1919, sous l'égide du général Pershing qui fit édifier pour la circonstance, près de Vincennes, un stade auquel son nom devait demeurer attaché, furent extrêmement utiles. Ils avaient été conçus dans le but d'occuper de façon saine et agréable les loisirs forcés des troupes des différentes armées dont, pour raisons multiples, la démobilisation et le renvoi immédiats dans leurs foyers n'étaient pas jugés réalisables et dont d'importants contingents se trouvaient assemblés sur le sol français. Naturellement, on avait cherché dans certains milieux à égarer l'opinion en parlant d'« Olympiade militaire » et en suggérant qu'elle prît la place de l'Olympiade régulière un an d'avance. Toujours la question du numérotage et de l'intervalle quadriennal ! J'ai sous les yeux une lettre de J.-J. Jusserand, me rendant compte de sa démarche (le président Wilson était alors à Paris) et m'assurant que les Américains ne permettraient aucunement qu'on fît en cette circonstance usage des termes : Olympiques ou Olympiade. Les « Jeux interalliés » révélèrent, comme on pouvait du reste s'y attendre, que la valeur musculaire et l'élan sportif n'étaient point en recul.

Les Jeux de la VIIe Olympiade s'ouvrirent magnifiquement le 14 août 1920, en la présence du roi et de la reine des Belges, qu'accompagnaient le duc de Braband, le prince Charles et la princesse Marie-José. Le défilé, la formule d'ouverture, les chœurs, l'envol des pigeons, les salves... tout le prestigieux cérémonial dont on commençait, depuis Stockholm, à saisir la valeur pédagogique, soulignèrent à quel point l'Olympisme se retrouvait intact au lendemain de la tourmente et combien ses lauriers continuaient de primer dans l'esprit de la jeunesse toutes autres ambitions sportives. Le soir, le roi et la reine donnèrent, au palais, un dîner en l'honneur exclusif du Comité International Olympique ; suivit une très nombreuse réception, à l'issue de laquelle les souverains repartirent pour Bruxelles. Le cardinal Mercier, qui y assistait, avait présidé le matin, à la cathédrale, un service religieux, conçu, celui-là, selon une formule différente de celle de 1912. Sur ce point, je n'ai pas eu encore l'occasion de m'expliquer. En faisant précéder au stade même, comme à Stockholm, le commencement des concours par un culte public, nous forcions à y participer des athlètes, déjà des hommes faits, auxquels cela pouvait déplaire. En les conviant, en dehors des Jeux, à une cérémonie dans une église, nous ne faisions qu'associer la religion, comme toutes les autres grandes forces morales humaines, à la célébration des Jeux Olympiques. Encore fallait-il que la cérémonie fût suffisamment neutre de forme pour s'élever au-dessus de toutes les confessions. Pas de messe, pas d'intervention sacerdotale à l'autel : le *De Profundis*, hymne du souvenir en mémoire des disparus des quatre années précédentes, et le *Te Deum*, hymne du succès et de l'espérance ; hymnes laïques, pourrait-on dire, et prêtant à de belles interprétations musicales. À quoi pouvait s'ajouter une allocution, pourvu qu'elle fût libéralement pensée. Ce programme inhabituel séduisit sans peine l'esprit et le cœur du cardinal Mercier. La cérémonie emprunta au fait tragique que, cette fois, la liste des morts olympiques s'allongeait si terriblement, une grandeur particulière. Et tous les assistants conservèrent, je crois, une profonde impression des paroles prononcées à la cathédrale par l'illustre prélat et encastrées dans des harmonies magnifiques.

Durant les Jeux, toutes les autorités politiques, civiles, militaires de la ville, de la province, de l'État ne cessèrent de témoigner d'un intérêt chaleureux pour leur réussite. Nul, plus que le gouverneur d'Anvers, le baron Gaston de Schilde, très aimé de tous ceux qui l'approchaient. Anvers avait reçu une décoration chatoyante. Du centre au stade, la route était jalonnée de drapeaux olympiques On voyait partout les cinq anneaux multicolores et la devise : *Citius, altius, fortius*. Les fêtes furent nombreuses et réussies et les *bagpipers* d'un régiment écossais y apportèrent souvent leur tonalité pittoresque.

Les plus anciens du C.I.O., le général Balck, le professeur Sloane, le révérend Laffan, le docteur Guth-Jarkovsky, le baron G. de Blonay, le baron de Tully, le comte de Rosen se retrouvaient, comme naguère, unis dans le même idéal et, autour d'eux, un grand nombre d'autres formaient l'escouade grandissante qui hériterait d'eux et à laquelle ils passeraient le flambeau. De lointains collègues se trouvaient là : Japonais, Hindous, Sud-Africains, Brésiliens, des collègues éventuels de nations émancipées, Irlande, Pologne... qui présentaient leurs candidatures, un délégué de la ville de Los Angeles, chargé de lui obtenir les Jeux futurs, des représentants de l'Y.M.C.A., maintenant très attirés par la puissance de rayonnement de l'Olympisme qu'ils avaient souvent méconnue dans le passé. Parmi ces derniers, un enthousiaste, Elwood Brown, allait se faire, pendant les années suivantes, le colporteur ardent des doctrines olympiques à travers l'Orient et l'Extrême-Orient.

Où auraient lieu les Jeux de 1924 ? On en parlait sans cesse. En fait, il régnait une réelle incohérence dans les milieux des dirigeants sportifs. Ils voulaient tous beaucoup, mais ne savaient quoi... des réformes, des nouveautés, des transformations. Dans le discours que j'adressai au roi, le jour qu'il honora de sa présence la séance d'ouverture de la session du C.I.O., j'indiquai que les perspectives d'avenir devaient être cherchées du côté de l'extension démocratique. Le souverain était de ceux devant qui on se sent le plus libre d'exprimer sa pensée. Mais aucun courant ne pouvait encore se bien dessiner ; il était sage de ne rien hâter. Je conseillai d'ajourner la décision et proposai en même temps de convoquer, à Lausanne, pour 1921, un Congrès qui réviserait, dans la mesure où la situation nouvelle l'imposait, les décisions techniques prises à Paris, en 1914, et auquel seraient conviés, cette fois, les délégués des Fédérations internationales, en même temps que ceux des Comités olympiques nationaux. À côté de ce Congrès, j'en prévoyais un second, d'ordre pédagogique et social, où seraient étudiées les mesures à prendre pour organiser les sports populaires. C'était le mouvement que j'avais cherché à déclencher en France, en 1906, et qui, cette fois, prendrait un caractère mondial sous l'égide du C.I.O.

Le C.I.O. se déclara d'accord. L'atmosphère de nos séances recélait un peu d'incertitude et comme une hésitation sur la direction à suivre. Je sentais un vague désir de n'avoir pas de décisions à prendre et de s'en remettre à moi. L'ajournement de la fixation des Jeux suivants s'imposait, mais, dès alors, il paraissait certain que la candidature parisienne ne l'emporterait pas. Une mauvaise humeur persistait parmi les Français, leurs équipes ne se rendaient pas populaires, même celle des jeux équestres. Dans le sein du C.I.O., l'opinion des « neutres » tendait à prédominer et Paris leur semblait devoir perpétuer les souvenirs de guerre. D'un autre côté, les Fédérations françaises clamaient pour avoir les Jeux, disant bien haut qu'alors « on verrait comment doivent être organisés des Jeux Olympiques », et pas mal de Fédérations étrangères écoutaient ces propos avec bienveillance. Un mouvement de presse de ton assez aigre appuyait ces revendications. Je n'étais nullement convaincu des capacités qui s'offraient de la sorte, mais, précisément, il n'était pas mauvais que l'expérience fût tentée. J'arrêtai donc, dans ma pensée, le détail d'une manœuvre plutôt inattendue, laissant en silence s'approcher le moment opportun pour l'exécuter.

XVIII

La manœuvre de 1921

La situation réclamait avant tout une affirmation d'unité, et c'est pourquoi le pilote habituel se sentait l'objet d'une sorte d'appel afin qu'il tînt la barre avec une particulière attention. Le péril n'était pas dans telle ou telle tentative de mainmise sur l'Olympisme. Un homme politique et un journaliste français faisaient en vain campagne pour que la Société des Nations, à peine née et encore peu orientée, s'emparât des Jeux. De semblables propositions n'avaient guère de chances de s'imposer et il était facile de lutter contre elles de même que contre les assauts de certaines fédérations, pressées de voir leurs délégués s'asseoir à la table du C.I.O. Le vrai péril était dans l'effritement de l'idée olympique, que risquait d'entraîner la multiplication des Jeux régionaux, issus de cette espèce d'impatience générale partout sensible. Il s'en créait de tous côtés, ou du moins nous recevions des plans, des programmes, des annonces de formation de comités et de sous-comités.

Pendant les deux dernières années de guerre, la menace d'une sécession était restée suspendue sur l'Olympisme. Par une action indirecte et officieuse, j'étais toujours arrivé à en neutraliser les progrès. La « Ligue des neutres », qui s'était un moment esquissée, n'avait été qu'un projet sans consistance réelle. La ligue des belligérants du groupe germanique n'avait été qu'une idée en l'air, et, si on cherchait à la réaliser maintenant, elle n'aurait sûrement qu'une vie éphémère ; la Hongrie et la Turquie n'y adhéreraient probablement qu'avec réticences. Par contre, si on laissait s'implanter, se consolider tous ces « Jeux », qui prétendaient s'organiser en Irlande, en Pologne, en Catalogne, dans les Balkans, aux Indes, dans le « Proche-Orient », il en pouvait résulter des fissures dans le bloc olympique. Toutes ces entreprises sans doute se réclamaient de nous et demandaient notre patronage. Mais très novices en matière olympique, étrangers à l'esprit du C.I.O., ceux qui les concevaient et cherchaient à les mettre sur pied nourrissaient des arrière-pensées nationalistes ou confessionnelles, qui finiraient par faire dévier l'ensemble du mouvement.

Je laissai s'achever l'année 1920 et s'apaiser les polémiques de détail consécutives aux Jeux d'Anvers : règlements de comptes, disputes techniques, etc. L'impression d'ensemble qu'ils avaient laissée n'en était pas atteinte. Je mettais sur pied pendant ce temps le programme matériel du Congrès de Lausanne. Le gouvernement fédéral avait accepté que les invitations fussent remises, dans chaque pays, par les légations et consulats de Suisse. Il fallait qu'elles parvinssent longtemps à l'avance ; d'autant que cette fois la formule était beaucoup plus complexe qu'en juin 1914. À Paris, il n'y avait eu à convoquer que les délégués des comités nationaux en vue d'arrêter la liste et les conditions techniques des différentes épreuves pour chaque sport. En 1921, cette question-là subsistait, mais beaucoup d'autres avaient surgi dont il ne convenait pas de composer une salade confiée à une assemblée unique.

Le tableau des « Congrès et Conférences olympiques » indique assez cette préoccupation. En fait, il y en aurait une série, échelonnés du 26 mai au 12 juin 1921 ; d'abord une Conférence consultative des sports d'hiver (26 et 27 mai), puis une Conférence d'alpinisme (28 mai), puis une Conférence des sports équestres (29 et 30 mai). Là s'intercalait un Congrès des fédérations internationales organisé par les soins de M. Paul Rousseau qui songeait à la création d'une sorte de superfédération ou de Conseil interfédéral : rouage nuisible ou fécond, selon l'état d'esprit qui y dominerait, mais au principe duquel je n'étais nullement opposé comme certains le croyaient. Le Congrès olympique proprement dit siégerait du 2 au 7 juin. Étaient prévues, pour finir, une Conférence consultative des Lettres et des Arts, et une Conférence des « Municipalités », destinée simplement à poser quelques premiers jalons en vue de l'organisation ultérieure des sports populaires et du « rétablissement du gymnase antique », dont j'avais parlé pour la première fois à Paris, en novembre 1912, et qui restait — comme il l'est encore — l'objet de toute ma sympathie.

Ce copieux programme une fois approuvé par le C.I.O., je rédigeai une lettre circulaire à mes collègues, la leur envoyai et en communiquai aussitôt le texte à la presse. Elle portait la date du 17 mars 1921. L'annonce de ma résolution de donner ma démission après les Jeux de 1924 était suivie des passages que voici : *Le choix de la ville à laquelle incombera la mission de les organiser (les prochains Jeux) revêt cette fois une particulière importance, du fait que la VIIIᵉ Olympiade coïncidera avec le trentième anniversaire de leur rétablissement. De nombreuses et flatteuses candidatures ont été posées. Si nous soupesons les titres des cités concurrentes, le nom d'Amsterdam paraît dominer... Mais, d'autre part, à l'heure où il juge son œuvre personnelle près d'être achevée, nul ne contestera au rénovateur des Jeux Olympiques le droit de demander qu'une faveur exceptionnelle soit faite à sa ville natale, Paris, où fut préparée* *par ses soins, et solennellement proclamée, le 23 juin 1894, la reprise des Olympiades. Je veux donc, loyalement, vous prévenir, mes chers collègues, que lors de notre prochaine réunion, je ferai appel à vous afin qu'en cette grande circonstance vous me consentiez le sacrifice de vos préférences et de vos intérêts nationaux et que vous acceptiez d'attribuer la IXe Olympiade à Amsterdam et de proclamer Paris siège de la VIIIe.*

C'était le coup d'État dans toute sa beauté. Et même il était double, puisqu'il s'agissait d'enchaîner l'avenir pour deux Olympiades, décision que rien n'empêchait le C.I.O. de prendre, mais qui ne l'avait jamais été. Il y eut à Paris quelque désarroi ; ailleurs aussi. Personne ne s'attendait à une intervention présidentielle aussi radicale et brusque. Il était moralement impossible de me refuser ce que je demandais là. C'est pourquoi le premier flottement passé, les milieux sportifs français désertèrent en masse l'opposition dont ils étaient en train de se faire à notre égard comme une seconde nature et, tout d'un coup, les nuages amoncelés se dissipèrent, et le soleil brilla dans un ciel pur.

La série des « Congrès et Conférences olympiques » s'ouvrit dans une atmosphère de bonne volonté et d'entente qui faisait bien augurer de leurs résultats. Cette atmosphère se maintint pendant toute la durée des réunions, malgré le caractère épineux des questions qui se posaient et les discussions passionnées qu'elles devaient forcément soulever. Au premier rang de celles-là se trouvait le problème des « Jeux d'hiver ». Les Scandinaves n'en voulaient à aucun prix. Le patinage, en 1894, avait été compris dans l'énumération des concours désirables. Londres, qui possédait un « palais de glace », avait pu, en 1908, organiser des épreuves satisfaisantes. Mais, en 1912, Stockholm avait saisi avec empressement l'argument qu'elle n'en possédait point pour se libérer de ce numéro. Seulement en vingt-cinq ans, non seulement les sports hivernaux s'étaient répandus dans une quantité d'autres pays mais ils y présentaient un caractère d'amateurisme, de dignité sportive si franc et si pur, que leur exclusion totale du programme olympique lui enlevait beaucoup de force et de valeur. D'autre part, comment faire ? En plus de la résistance scandinave, il y avait ce double souci qu'ils ne pourraient avoir lieu ni en même temps ni au même endroit que les Jeux. On fabrique de la glace artificielle, mais non point de la neige, et encore moins des sommets. Exigerait-on des Hollandais, en 1928, qu'ils érigent une chaîne de montagnes achetée d'occasion ou faite sur mesure ? Constituer une sorte de cycle autonome et pourtant relié à son frère aîné, c'était évidemment l'unique solution, pleine d'inconvénients quand même. Pour ce motif, j'avais tenu à briser la discussion par une première rencontre entre spécialistes. Le rapport de M. A. Megroz, au nom de la conférence consultative, atténua en effet le choc, et finalement il fut entendu que la France — si elle était désignée (elle ne l'était pas encore, mais ne pouvait plus ne pas l'être) — aurait le droit d'organiser en 1924, à Chamonix, une semaine de sports d'hiver, à laquelle le C.I.O. donnerait son patronage mais qui « ne ferait pas partie des Jeux ». Cette dernière clause devait être annulée plus tard. Les « Jeux d'hiver » n'en étaient pas moins fondés malgré les Scandinaves qui finirent par renoncer à leur intransigeance et comprendre qu'en face de la Suisse et du Canada, notamment, ils ne pouvaient plus se réclamer du monopole de fait qu'ils avaient longtemps exercé.

Le rapport de la Conférence d'alpinisme fut rédigé par un « grimpeur » de renom, le Dr Jacot-Guillarmod, célèbre pour s'être attaqué à l'Himalaya. Peu de clubs alpins avaient consenti à se faire représenter tout en envoyant des adhésions de principe, mais que je sentais dépourvues d'entrain. Il est certainement difficile de classer des exploits de cette nature mais, comme rien n'empêchait à chaque Olympiade soit de déclarer qu'il n'y avait pas lieu à décerner le prix, soit de proclamer deux lauréats *ex œquo*, la proposition d'inviter chaque club alpin à exposer les titres de ses candidats n'était nullement impratique. À Chamonix, en 1924, nous ne pourrions pas hésiter tant la mission du mont Everest s'élevait haut dans le domaine de l'endurance et de la vaillance, mais dès 1928, on devait renoncer à ce prix de l'alpinisme et j'ai déjà dit que l'on a commis par là, à mon avis, une très grosse faute.

La Conférence des sports équestres s'était recrutée par invitation spéciale adressée aux ministres de la Guerre. Il ne faut pas perdre de vue qu'il s'agissait, sur tous ces sujets, de Conférences *consultatives* ayant pour mission de débroussailler le terrain sous les pas soit des membres du C.I.O., soit des membres du congrès, selon que les questions posées relevaient de l'une ou de l'autre assemblée. J'ai déjà dit à propos des Jeux équestres de la Ve Olympiade (Stockholm 1912), quel éclat avait revêtu cette partie du programme, grâce au zèle compétent du comte de Rosen, mais que ce revêtement avait été exclusivement militaire. C'était sans doute infaillible parce que, hormis pour ce qui concerne la chasse à courre et le polo, sports trop coûteux pour être pratiqués en dehors d'un cercle restreint de millionnaires, l'équitation civile tend toujours à être éclipsée par l'équitation militaire.

En dehors de certains pays d'élevage, de régions coloniales où il contribue au transport, ou de territoires tels que la Californie où il s'était maintenu longtemps par tradition, le sport hippique a toujours été handicapé par des difficultés d'organisation qu'aurait neutralisées une intervention éclairée et ingénieuse des pouvoirs publics. Or, cette intervention ne s'est jamais produite dans la mesure et de la façon qu'il eût fallu. Il m'est impossible d'aborder ici l'examen de cette question qui exigerait de longs développements. Pendant plus de vingt-cinq ans, je n'ai cessé de la ramener sur le tapis par des articles ou par des initiatives de formules variées, mais tendant toutes au même but : à savoir la diffusion du sport équestre parmi les « non-montés », c'est-à-dire ceux qui n'ont pas le moyen de posséder un cheval à eux. J'ai obtenu des approbations incessantes, depuis le *rough rider* Théodore Roosevelt, jusqu'au cavalier raffiné qu'était le comte Maurice de Cossé-Brissac, mais quand il s'est agi de réalisations, de mauvais vouloirs inconscients se sont dressés comme s'il fallait abandonner un privilège de caste, renoncer à une féodalité précieuse... J'ai encore dans l'oreille l'écho des acclamations accueillant, au banquet des Jeux équestres de 1912, à Stockholm, certains discours... Il y avait là tous les princes, les grands-ducs, les chefs de missions, la masse des officiers participant aux concours. Tous semblaient d'accord... Non en vérité. Les chevaliers du Moyen-Âge furent moins exclusivement artistocratiques dans leurs conceptions de l'équitation que leurs successeurs d'aujourd'hui. À la Conférence de 1921, à laquelle participaient entre autres le général italien Bellotti et le général belge Joostens, je ne pus faire adopter mes vues qu'à titre lointain et me bornai à faire annexer au procès-verbal une note qui les résumait. Le programme olympique équestre resta ce qu'il était, du moins à titre provisoire, mais ces provisoires-là durent indéfiniment.

Paul Rousseau ne réussit pas non plus à créer sa superfédération. On se borna au maintien d'un « Bureau des Fédérations internationales » auquel on semblait très désireux de mesurer chichement les droits d'intervention et les moyens d'existence. Je ne sais si ce rouage nouveau eût donné tout ce qu'en attendait son promoteur, mais au point de vue olympique, il eût certainement rendu service au C.I.O., en l'aidant à se décharger d'un rôle technique trop étendu et aux responsabilités duquel j'avais toujours désiré voir luire le jour où il pourrait se soustraire. En tout cas, le Congrès des Fédérations internationales, tant à la première séance que l'on me demanda d'ouvrir, qu'au banquet final marqua qu'entre elles et le C.I.O., l'ère des malentendus avait pris fin.

Le Congrès Olympique proprement dit, dont j'avais désigné, selon le droit que j'en avais, notre collègue suédois J.-S. Edström comme président, fut assez mouvementé, par moments orageux. Edström y apporta son habituel dévouement, son intelligente habileté... et une poigne autoritaire qui me fit sourire en pensant aux reproches d'autoritarisme qu'on m'avait parfois adressés. L'atmosphère était très différente de celle du congrès de 1914, malgré les influences apaisantes de l'ambiance vaudoise. Positivement, l'action des années de guerre encore proches se faisait sentir. Les nationalismes s'exaspéraient pour la moindre chose et, tandis qu'en 1914 on s'était rencontré autour du désir d'établir une législation olympique permanente, cette fois l'idée d'instabilité régnait. Tout de suite on parla d'un congrès nouveau pour 1925 qui pourrait être appelé à réviser ce qu'on allait décider à celui de 1921 : état d'esprit évidemment défectueux, que les circonstances toutefois excusaient dans une certaine mesure. À peine assemblé, le Congrès se trouva fixé ainsi que cela était désirable sur le lieu des Jeux futurs. Dès sa première séance, tenue le 2 juin au soir, le C.I.O. avait fait droit à ma demande et attribué à Paris et à Amsterdam la célébration des VIIIe et IXe Olympiades.

Ce vote avait été émis sur la proposition de M. Guth-Jarkovsky, appuyé par MM. de Baillet-Latour et de Polignac. Contestée pour vice de forme, l'épreuve renouvelée avait donné la même majorité en faveur de la double attribution. Je m'étais abstenu, voulant moins que jamais entraver la liberté du vote, mais vraiment il eût été très regrettable de voir Amsterdam — qui s'était, par esprit sportif et bonne camaraderie internationale, désistée en faveur d'Anvers et le faisait de nouveau en 1921 en faveur de Paris, et dans des termes dont j'avais été touché — privée d'une satisfaction si longtemps attendue et légitimement réclamée. Pour Paris, tout le monde était d'accord. On l'eût été de même pour Amsterdam si, comme le Congrès approchait, un accès de mauvaise humeur ne s'était manifesté en Italie et un accès d'impatience en Amérique. Rome s'était soudainement avisée qu'elle aurait pu se faire attribuer les Jeux de 1924 et, en tous cas, ceux de 1928, et Los Angeles, se voyant reportée à 1932, au plus tôt, avait jugé l'attente trop longue pour l'opinion transatlantique accoutumée aux promptes réalisations. De part et d'autre, des poussées de presse s'étaient produites qui auraient eu le temps de se manifester au lendemain de la publication de ma lettre du 17 mars, mais précisément ne s'étaient pas alors fait sentir. L'agitation italienne avait atteint en quelques jours un diapason tel que M. Gaston Vidal, sous-secrétaire d'État à l'Enseignement Technique, avait jugé nécessaire de se faire remplacer au dernier moment comme délégué du Comité olympique français au Congrès de Lausanne. Notre collègue Montu, très embarrassé, prit le parti de se retirer après le vote. Quant aux délégués américains, ils manifestèrent une certaine rancune qui ne savait trop comment s'exprimer, étant sans motif valable.

Depuis les événements de 1901 et de 1905 (le transfert des Jeux de 1904 et de 1908 de Chicago à St-Louis et de Rome à Londres), nous avions résolu au C.I.O. de ne plus tenir compte que des candidatures appuyées par une organisation déjà solidement préparée et par des engagements financiers sérieux. Tel avait été le cas pour Stockholm, pour Berlin, pour Anvers ; tel aussi pour Amsterdam. Rome, au contraire, ne présentait, cette fois, aucune garantie ; il n'y avait ni comité constitué, ni fonds réunis. À tous les arguments déjà rappelés se superposait, du reste, en ces temps instables issus de la guerre et alors que j'envisageais ma retraite comme définitivement résolue, le souci d'engager le proche avenir dans la mesure où la stabilité en résultant pourrait faciliter, à mon successeur, quel qu'il fût, les premiers temps de sa présidence.

Dans le même but et sous le prétexte d'un voyage lointain alors projeté, je fis approuver par le C.I.O. la création d'une Commission exécutive qui n'était que le « Bureau » agrandi : consécration en droit d'un état de choses de fait. La commission, désignée pour entrer en fonctions le 1er octobre 1921 comprenait : MM. de Blonay, Guth-Jarkovsky, de Baillet-Latour, Edström et de Polignac.

Bien des fondements avaient été posés à Lausanne avec le minimum de « casse », mais de façon un peu incohérente.

L'organisation matérielle avait été excellente, grâce aux pouvoirs publics locaux et aussi au zèle du commissaire général, mon ami Eugène Monod, le lauréat du Concours d'architecture de 1911. Maintenant on avait trois années pour faire des Jeux de la VIIIe Olympiade « les plus beaux et les plus parfaits qui eussent encore été célébrés ». C'était l'ambition des organisateurs et ils escomptaient de très bonne foi un succès complet.

XIX

Un stade et six administrations

Leurs espoirs commencèrent par être déçus. Ce titre humoristique d'un article de M. Robert de Jouvenel, publié en tête de l'*Œuvre*, explique l'aventure. En peu de temps, en effet, les Jeux Olympiques furent la proie d'une hydre administrative à six têtes. Les départements de l'Intérieur, des Affaires Étrangères, de la Guerre, de l'Instruction Publique se trouvaient automatiquement mêlés à l'entreprise, ainsi que le Conseil municipal de Paris. Un engagement pris envers le département de l'Agriculture pour des terrains où le Comité olympique français voulait construire son stade provoqua une sixième intervention. Dès le 27 juin 1921, à peine clos le congrès de Lausanne, le comte Jean de Castellane avait présenté au Conseil municipal dont il faisait partie, une proposition précédée d'un court exposé parfaitement clair. Il eût suffi de partir de là sans arrière-pensées concernant les avantages personnels ou les intérêts de quartier ; la préparation des Jeux se fut aussitôt orientée dans le sens désirable. Tel ne fut pas le cas. Si l'on rapproche le document initial que je viens de citer du compte rendu de la séance du Conseil du 11 mars 1922, tel qu'il figure au *Bulletin Officiel Municipal* du 12 mars, on se rendra compte du grabuge effarant qui, en huit mois, s'était créé autour d'une question très simple, mais compliquée d'une autre qui ne l'était pas. Comme le disait M. de Castellane, il y avait à prévoir un stade pouvant contenir à peu près 80 000 spectateurs, un emplacement pour les sports nautiques et un pour les sports de combat aménagés avec 15 000 places à peu près. Il fallait songer en outre aux dégagements et aux transports, apprécier enfin le montant des crédits accessoires nécessaires. Après quoi il eût suffi de mettre les fonds à la disposition du Comité olympique français en lui adjoignant une commission de contrôle représentant l'État et la Ville associés par le double vote de crédits conjugués. La Chambre était prête à un tel vote. Le Conseil l'eût été également s'il n'y avait pas eu la préoccupation de profiter de l'occasion pour faire du définitif. Quiconque connaît Paris, ses arrondissements, son organisation administrative, l'esprit de ses bureaux, la situation de sa banlieue, réalise aisément l'influence profondément différente qu'y exercent des projets d'édification quelconque, selon que ces projets ont un caractère transitoire ou permanent. Dans ce dernier cas, les intérêts, pour ne pas dire les appétits, se heurtent avec une violence qui fait perdre de vue le point de départ et le but à atteindre.

C'est ce qui arriva en la circonstance dont il est question en ce moment. De décembre 1921 à avril 1922, le désarroi alla sans cesse en empirant et l'on arriva vers la mi-mars à un état de choses tel que le Comité olympique français dut envisager un moment l'éventualité de renoncer à sa tâche. Nous étions au C.I.O. prémunis contre pareille occurrence ; non que j'eusse jamais entrevu que le conflit en arriverait à un tel diapason, mais je connaissais trop bien ma ville natale où j'avais vécu plus de soixante ans pour ne pas m'être méfié. Aussi m'étais-je entendu tacitement avec Los Angeles, dont un de nos nouveaux collègues américains, W. M. Garland, était justement un citoyen très influent. Là-bas l'énorme stade commencé dès que l'espoir avait lui d'y célébrer un jour une Olympiade était près d'être achevé. On y préparait un meeting pré-olympique qui aurait lieu en 1923 et rien ne serait plus aisé, en cas de nécessité, que de le reporter à 1924 et d'en faire de véritables Jeux Olympiques Internationaux. C'est ce qui me permettait d'assister avec une apparente sérénité à ce qui se passait à Paris et de répondre de loin aux interviewers dont le nombre allait se multipliant sans paraître autrement affecté par ces événements. Le comte Clary, président du Comité olympique français, et Frantz-Reichel qui en était le tout dévoué secrétaire général, me tinrent pendant toute cette crise au courant des moindres incidents. Le dossier de leurs lettres est instructif. Un jour, le préfet de la Seine lut au Conseil municipal un passage d'une lettre confidentielle que j'avais adressée à M. Poincaré, alors ministre des Affaires étrangères, et dont l'odyssée du quai d'Orsay à l'Hôtel de Ville, à l'insu du destinataire, n'a jamais pu être élucidée. Le Conseil municipal s'embrouillait de plus en plus. Un des conseillers réclamait qu'on « fît venir les Sokols, ce qui serait une des attractions principales des Jeux Olympiques » !

Ce fut le gouvernement qui empêcha la nef de sombrer. Le président de la République, alors M. Millerand, prenait grand intérêt aux Jeux et ne pouvait admettre la carence de la capitale française après qu'il avait lui-même encouragé le Comité olympique français à poser sa candidature. Le président du Conseil, M. Poincaré, était malheureusement trop pris par les soucis politiques pour donner beaucoup d'attention à la question. D'un mot, pourtant, il eût pu marquer la valeur qu'il attachait à ce que l'affaire fût remise en route. Elle le fut finalement un peu boiteusement et l'on se décida à construire le stade... à Colombes.

Si j'avais été le maître, aucun des emplacements envisagés n'eût eu mes préférences. Il y en avait un autre en plein Paris qui présentait de bien plus grands avantages. Devant l'École Militaire, au champ de Mars, la disparition de la fameuse « Galerie des machines » de 1889 laissait libre une vaste esplanade dont le sort sans doute était fixé et sur laquelle on ne construirait plus d'édifice permanent afin de laisser libre une des plus belles perspectives parisiennes. Mais en disposer pour la brève période des Jeux Olympiques ne préjugeait rien. À ce moment, l'École Militaire, avec ses immenses bâtiments, ses espaces, ses cours, était quasi inoccupée. J'avais été la revoir pour vérifier les dispositions et les dimensions. Quel « quartier d'athlètes » ne pouvait-on pas installer là ! La dépense eût été diminuée dans de considérables proportions, sans compter que nulle part les transports n'étaient plus faciles à compléter : tramways, métros, bateaux, tout était à portée. De quelque côté qu'on l'envisageât, cette solution surpassait toutes les autres, mais il n'appartenait pas au C.I.O. d'intervenir et d'en saisir l'opinion. Je m'efforçai de la recommander officieusement sans y réussir.

Au printemps (1922), le C.I.O. devait s'assembler à Paris. Lorsque nous nous réunîmes, la crise était à peu près conjurée. Il avait été convenu que ce serait une réunion d'affaires, un « *business meeting* », sans les festivités habituelles. Il n'y eut en effet qu'un dîner donné par le Comité français, une réception intime à l'Élysée et un original déjeuner où s'exerça la cordiale hospitalité de notre collègue Glandaz sur la fameuse « péniche du maréchal Joffre », laquelle, amarrée près du pont de la Concorde, était devenue un des restaurants à la mode, de réputation gastronomique méritée. Le C.I.O. venait de s'ouvrir à de nouveaux membres : le général Sherrill pour les États-Unis, M. de Alvear pour la République argentine dont il allait bientôt devenir le chef d'État, tout en nous faisant l'honneur rare de demeurer dans nos rangs ; le colonel Kentish pour l'Angleterre, le baron de Guell pour l'Espagne, J. J. Keane pour l'Irlande, le prince Lubomirski pour la Pologne, le docteur Ghigliani pour l'Uruguay. Le C.I.O. comptait 54 membres appartenant à quarante-deux pays.

La besogne principale faite au cours de la session de 1922 avait consisté à adapter les nouveaux rouages et à apporter aux textes essentiels les quelques modifications nécessaires. La Commission exécutive avait siégé préalablement aux séances du Comité et ses pouvoirs et procédés avaient été définis comme il convenait. Les modifications introduites dans les statuts du C.I.O. avaient trait, outre la création de la Commission exécutive au siège social (Lausanne), à la langue officielle (le français) au secrétariat et surtout à la durée des pouvoirs présidentiels ramenée de dix à huit ans. Je crois n'avoir pas encore mentionné la façon dont, aux approches de 1901, ils avaient été l'objet d'une modification radicale. Au 1er janvier de cette année-là, ils auraient dû passer aux mains de notre collègue américain, W. M. Sloane. Le règlement que j'avais fait accepter en 1894 prévoyait cette transmission quadriennale, mais cela supposait que le lieu de la célébration des Jeux suivants fût dès alors fixé. Il restait bien admis cette fois-là que la prochaine Olympiade serait célébrée en Amérique, mais l'initiative de Chicago s'esquissait à peine. La demande officielle n'avait pas été formulée et, par conséquent, aucun vote n'était intervenu. Sloane ne s'était pas contenté d'appuyer sur cette particularité de la circonstance présente. Il avait généralisé la question et, sans même m'en parler d'avance, saisi le C.I.O. d'une proposition de modification des statuts déclarant qu'une présidence stable et prolongée de dix années était à son avis le seul moyen de rendre l'œuvre olympique forte et féconde et que par conséquent, il se refusait à me remplacer. L'adhésion unanime de nos collègues m'eût obligé à céder si même, en ces temps difficiles, je n'avais pas senti la vérité et la vigueur des arguments présentés. Ainsi s'établit la « monarchie olympique », comme certains l'ont appelée. Il est piquant qu'elle soit née de l'intervention d'un citoyen de la plus démocratique des républiques. Ma présidence se trouva donc prolongée jusqu'en 1907. Réélu alors, puis de nouveau en 1917, mon mandat ne prendrait fin qu'en 1927. Mais comme j'avais résolu de me retirer après les Jeux de 1924, il fut décidé par mes collègues que mon successeur serait élu pour la durée de deux Olympiades, c'est-à-dire pour huit années, sa présidence comptant à partir de son entrée en fonctions. 1925 serait ainsi une date favorable, un an après les Jeux, trois ans avant les Jeux suivants ; c'est pourquoi j'acceptai de demeurer à mon poste jusqu'à cette année-là.

XX

Au Capitole romain

À Rome aussi il y avait une revanche à prendre depuis l'affaire manquée de 1906. Des petits nuages surgis à Lausanne en 1921, rien ne subsistait. Je tenais donc à ce que la session de 1923 fut particulièrement brillante. Nos collègues le colonel Montu et le marquis Guglielmi se dépensèrent sans compter pour y réussir et la réussite fut magnifique. La session placée sous le patronage du roi et de la reine d'Italie s'ouvrit dans la grande salle du Capitole le 7 avril 1923, en présence du souverain qu'entouraient les présidents de la Chambre et du Sénat, les secrétaires d'État aux Affaires étrangères et aux Beaux-Arts, le préfet de Rome et de nombreux invités. Elle fut close le 12 avril. Les membres du C.I.O. emportèrent de la réception royale au Quirinal, de la fête donnée au Palais Rospigliosi par le marquis et la marquise Guglielmi, comme du dîner de l'Aventin, offert par M. Montu et au cours duquel on vit les ruines du palais des Césars s'embraser spectacle merveilleux, un profond et reconnaissant souvenir. Ils se rendirent au Vatican où, au cours d'une longue audience préalable, leur président avait reçu du pape Pie XI des assurances nouvelles de bienveillante sympathie pour l'Olympisme. Ils goûtèrent aussi l'hospitalité de l'Association nationale de Tourisme et celle du Comité olympique italien. Enfin, ils eurent la satisfaction d'avoir abattu, au cours de leurs séances nombreuses, une besogne importante.

Beaucoup de détails concernant les Jeux prochains furent passés en revue, mais les principales questions traitées furent celles des participations allemande et russe, des Jeux « régionaux » et de la propagande dans l'Amérique du Sud, enfin de la conquête sportive de l'Afrique. La question allemande eût été très simple à résoudre puisque, d'une part, aucune rupture n'avait jamais été consommée et que, de l'autre, les membres allemands du C.I.O. avaient disparu. Le secrétaire général désigné pour l'organisation de la VIe Olympiade (Berlin 1916) et qui, en cette qualité, avait pris une part active aux délibérations de juin 1914 à Paris, avait été invité à se rendre à Rome pour s'entendre avec le C.I.O. au sujet de l'élection de nouveaux membres, mais par suite d'un malentendu, il ne vint pas et ce n'est qu'au cours de la saison suivante que purent être élus le secrétaire d'État Lewald et M. O. Ruperti. Nos collègues bulgare, turc et hongrois avaient déjà repris leurs sièges : c'étaient MM. Stancioff, Selim Sirry bey, le comte Geza Andrassy et J. de Muzsa. Resterait à pourvoir à la vacance autrichienne, aucune candidature n'étant encore posée. Le C.I.O. se trouva d'accord cette fois pour approuver la solution qu'il avait eu le tort de repousser en 1921 à Lausanne et qui reposait sur le double principe d'une part du maintien intégral et permanent de l'universalisme, et de l'autre, de sa propre irresponsabilité concernant la transmission des invitations, cette tâche incombant aux autorités du pays organisateur des Jeux.

Après l'Allemagne, la Russie. Ce ne fut pas sans émotion que l'on entendit notre collègue le prince Léon Ouroussoff, ancien diplomate, exposer le cas de ses compatriotes divisés en deux groupes pour lesquels, avec un libéralisme complet, il demandait l'égalité de droits à participer aux Jeux de Paris ; équipes soviétiques et équipes des sociétés sportives d'émigrés eussent été admises sur le même pied. J'ai toujours regretté la façon dont sa proposition fut envisagée et repoussée au titre «administratif». Nul ne savait mieux que moi à quelles difficultés pratiques elle se heurterait et quels problèmes peut-être insolubles son application soulèverait, mais je pense que le C.I.O. se fût honoré en lui faisant un accueil différent et en la transmettant, le moment venu, au gouvernement français, appuyée par un commentaire bienveillant.

Différente était la situation des Arméniens dont une société composée de jeunes gens émigrés réclamait aussi l'admission. L'Arménie provisoirement n'existait plus qu'en espérance et en souvenir dans le cœur de ses fidèles et elle ne pouvait, comme naguère la Bohême ou la Finlande, se réclamer d'un rôle de première place en «géographie sportive». Les autres questions nationales étaient réglées. L'État libre d'Irlande pour la deuxième fois était représenté à la session. Ses documents en langue celte qu'accompagnait le texte anglais avaient un air délicieusement archaïque. L'érection du royaume yougoslave avait solutionné *ipso facto* la question croate, et au désir des Philippins de pouvoir, au défilé olympique, marcher unis derrière leur drapeau, le gouvernement américain venait d'acquiescer libéralement... À la veille des Jeux de Paris, le C.I.O. atteindrait 62 membres et 45 États. Le «petit frère aîné de Lausanne» dépasserait pour un moment en effectifs la grande sœur cadette de Genève.

De la foison de projets éclos au lendemain de la guerre et visant la création de Jeux «régionaux», il ne restait plus grand-chose de viable. J'en étais heureux car je n'avais vu là rien de vraiment fécond, mais il m'avait paru sage de laisser le mouvement s'user de lui-même. Seuls les Jeux d'Extrême-Orient, maintenant placés sous notre patronage, subsistaient. Ils répondaient à un besoin véritable. Je ne m'attachais, en dehors de cela qu'au projet de Jeux africains dont je parlerai tout à l'heure et aussi à ces Jeux sud-américains dont le Brésil avait donné le signal en les inaugurant l'année précédente (1922) à l'occasion des fêtes du centenaire de l'indépendance. Non seulement ils avaient été placés aussi sous le patronage du C.I.O., mais le gouvernement brésilien m'avait fait tenir une invitation à les venir présider, invitation qui avait d'abord été acceptée. Les circonstances m'ayant toutefois empêché de partir en temps voulu, le comte de Baillet-Latour avait accepté de me remplacer. Au cours d'une tournée à travers la plus grande partie du continent sud-américain, le délégué du C.I.O. n'avait pas seulement reçu l'accueil le plus flatteur pour le travail qu'il repré-sentait, mais s'était employé de façon très heureuse à l'« olympisation », si l'on ose ainsi dire, de ces pays neufs et pleins d'ambitions sportives encore mal satisfaites. Il avait pu, chemin faisant, aplanir des difficultés, apaiser des conflits, résoudre des questions épineuses. Que les Jeux de Rio dussent ou non se perpé-tuer de façon à devenir une institution vraiment stable, il y avait intérêt à les voir se renouveler dans le proche avenir au profit d'autres cités plus éloignées les unes des autres par suite des transports insuffisants qu'elles ne l'étaient de l'Europe. Il fallait des centres mouvants tels que Mexico, La Havane, Santiago, Mon-tevideo, Buenos Aires où pussent se rencontrer les athlètes des pays les plus voisins, tantôt Amérique Centrale, tantôt Amérique du Sud. Ce serait là aussi un excellent « Kindergarten olympique », selon l'expression dont on s'était servi à Manille.

Le comte de Baillet avait à rendre compte au C.I.O. de ce long voyage et de tous les travaux accomplis en son nom ; son rapport souleva des applaudissements unanimes. Obligé d'abréger son voyage, il n'avait pu revenir par la Californie et le Japon où il de-vait présider les Jeux d'Extrême-Orient dont, cette fois, Osaka était le théâtre. On l'avait attendu à Los Angeles, où le stade était déjà presque achevé, avec une grande impatience, dans l'espoir d'obtenir de lui une certitude quant aux Jeux de 1932, puisque ceux de la VIIIe et de la IXe Olympiade étaient déjà attribués. Mais j'étais résolu, dans mon impénitence, à renouveler le geste dessiné à Lausanne deux ans plus tôt et à engager l'avenir au-delà même des horizons actuels. Los Angeles, en plus de l'ardeur et du zèle de son avocat (notre collègue W. M. Garland), possédait trois atouts. D'abord l'état d'avancement de ses préparatifs olympiques, ce qui constituait un gage précieux de réussite ; ensuite sa situation privilégiée au point de vue des événements politiques ou sociaux, des troubles éventuels que je redoutais puisque j'en évoquais la menace en cette même année 1923, dans une série d'articles parus dans un journal suisse, sous le titre général : Où va l'Europe ? Enfin, l'heure avait vraiment sonné de témoigner à la jeunesse sportive des États-Unis quelque reconnaissance pour l'effort fait depuis Athènes et pour sa participation toujours brillante et nombreuse aux Jeux passés. Ce triple motif décida les membres du C.I.O. à se prononcer à l'unanimité en faveur de l'attribution à Los Angeles de la célébration de la Xe Olympiade.

Beaucoup de discussions intéressantes remplirent nos séances dont il me faut renoncer à parler ici. Aussi bien depuis que la *Revue Olympique* avait disparu, les procès-verbaux de la session annuelle étaient publiés en brochure *in extenso* aux frais généreux de notre collègue Albert Glandaz, et ainsi le texte en demeure à la disposition de chacun. Le « manque à gagner » donna lieu à de premières escarmouches qui devaient se renouveler et même devenir assez ardentes, sans jamais dégénérer en batailles ; car il est bien digne de remarque et bien à l'éloge de ses membres qu'en aucune circonstance, depuis sa création, le C.I.O. n'ait connu la moindre dispute, de ces disputes qui sont sans lendemain, mais comportent pourtant quelque aigreur dans les propos échangés. Je ne reviendrai pas sur cet aspect nouveau du problème amateuriste. Je m'en suis expliqué dans un chapitre précédent. Le « manque à gagner » cristallisait le conflit fatal entre les tendances modernistes de milieux évolués et le conservatisme intransigeant de la vieille formule sportive anglaise. Nul ne demeurait plus attaché à la doctrine du sport pur que ne l'était le révérend Laffan, et pourtant ce grand Anglais, qui possédait le sens profond de l'histoire, cherchait lui-même en cette circonstance des termes susceptibles de ménager la suite d'une évolution sociale à laquelle il sentait bien l'inanité d'opposer simplement la fragilité du traditionnel *non possumus*.

Il me reste à parler de cette « conquête de l'Afrique » qui me tenait à cœur au soir de ma carrière olympique et soulevait en somme un des aspects les plus actuels de la question coloniale.

Dans le discours adressé au roi Victor-Emmanuel à la séance inaugurale de la session du C.I.O. au Capitole, se trouvait ce passage : « Et peut-être paraîtra-t-il prématuré de songer à implanter dans un continent retardataire, parmi des populations encore dépourvues de culture élémentaire, le principe des luttes sportives — et singulièrement présomptueux d'attendre de cette extension un renfort propre à accélérer dans ces contrées la marche de la civilisation. Réfléchissons pourtant à ce qui tourmente l'âme africaine. Des forces inemployées — de la paresse individuelle et une sorte de besoin collectif d'action — mille rancunes, mille jalousies contre l'homme blanc et l'envie cependant de l'imiter et de partager ainsi ses privilèges — les soucis contradictoires de se soumettre à une discipline et de s'y soustraire — au milieu d'une douceur qui n'est pas sans charme, la subite poussée de violences ancestrales... tels sont, parmi plusieurs autres, quelques traits de ces races vers qui se dirige l'attention de nos nouvelles générations. Celles-ci, précisément, ont reçu du sport de grands bienfaits. Il les a durcies. Il leur a donné le goût salubre de la détente musculaire et un peu de ce fatalisme raisonnable qui est celui des êtres énergiques, leur effort accompli. Mais si le sport fortifie, il apaise également. À condition de demeurer un adjuvant et de ne point devenir un but, il sait produire l'ordre et clarifier la pensée. N'hésitons donc point à lui tailler sa part africaine. Des délégués de pouvoirs compétents sont venus ici pour en parler avec nous... »

En effet, en marge de la session du C.I.O. se tinrent les séances d'une commission consultative où siégeaient, avec un représentant du ministère italien des colonies, des délégués de l'Algérie, du Maroc, de la régence de Tunis et le colonel Sée, porteur d'un message spécial du maréchal Lyautey, alors résident général. Notre collègue portugais, le comte de Penha-Garcia, était chargé d'y associer son pays. Je n'entrerai pas dans le détail des délibérations, mais dirai tout de suite pour n'y plus revenir quel fut le destin de l'entreprise : destin provisoire du moins, car le plan, j'en suis convaincu, sera repris. Ce plan comportait tous les deux ans, à la périphérie de l'énorme continent, des « Jeux africains » avec un programme très simple pour commencer et qui, tout naturellement, eussent revêtu un caractère presque exclusivement régional. Je les eusse voulus réservés aux seuls indigènes. On préféra y adjoindre des concours pour les colons ayant deux années de présence dans le pays. Certes, le point de vue était fort défendable, mais il compliquait le départ. Les villes reconnues aptes à la tenue des premiers Jeux furent Tunis, Rabat, Casablanca, Dakar, pour l'Afrique française, Tripoli, Bengasi et Asmara pour les possessions italiennes, Libreville au Congo belge, Loanda et Sumac pour l'Afrique portugaise, Le Cap et Nairogli pour l'Afrique du Sud. Mon erreur fut d'envisager (et de faire partager ce sentiment au C.I.O.) l'opportunité d'une inauguration plus solennelle, plus prestigieuse qui aurait lieu à Alger en 1925. Tout d'abord cette décision trouva de l'écho en Algérie et M. Th. Steeg, alors gouverneur général, s'y intéressa. Mais il ne tarda pas à rencontrer une opposition d'autant plus redoutable qu'elle n'avait ni précision ni centre. On cherchait surtout à perdre du temps, à émousser les bons vouloirs. Il y eut là des rivalités peut-être personnelles, en tous cas administratives. Il devait advenir par la suite que l'inauguration serait retardée à 1929 et Alexandrie substituée à Alger. Les préparatifs alors furent considérables, un très beau stade construit. Notre collègue pour l'Égypte, A. C. Bolanachi, se donna à cette entreprise avec une ardeur et une générosité que rehaussait sa compétence reconnue de tous... Au *dernier moment* une manœuvre politique anglaise, à laquelle la France se joignit, rendit stérile tout l'effort accompli et le roi Fouad dut inaugurer le beau stade d'Alexandrie de façon discrète et toute locale. Je ne puis m'expliquer sur cette assez fâcheuse affaire puisque, lorsqu'elle se développa, j'avais quitté la présidence du C.I.O. Mais au fond des choses, il y avait le conflit essentiel, la lutte de l'esprit colonial contre la tendance à émanciper l'indigène, tendance pleine de périls au regard des états-majors de la métropole. Les arguments employés n'auraient pas été sans valeur... autrefois ; mais ils appartiennent au passé mort. Il y a bel âge qu'ils ne peuvent plus servir. La *Revue Olympique* avait traité ce beau sujet du « rôle du sport dans la colonisation » dans un numéro de janvier 1912. Vingt années plus tard, je crus l'évolution des esprits suffisante pour passer à la pratique ! Il paraît que la question n'était pas encore mûre. Elle doit être maintenant bien près de sa maturité et je demeure convaincu qu'avant longtemps l'Afrique sportive s'organisera malgré tout, mais peut-être moins bien que si l'Europe avait su prendre, en temps voulu, la direction du mouvement. Il restait en tous cas la « médaille africaine » destinée à être annuellement mise à la disposition des chefs de poste, des missions... pour l'encouragement des exercices sportifs. Ce serait quelque chose en attendant mieux. Elle représente un noir lançant le javelot et, sur l'autre face, lisible à travers des bambous, cette inscription en latin, puisque l'Afrique est polyglotte pour les colons comme pour les indigènes : *Athletæ proprium est se ipsum noscere, ducere et vincere.* Se connaître, se gouverner, se vaincre, beauté éternelle du sport, aspirations fondamentales du vrai sportif et conditions de son succès.

XXI

La huitième Olympiade (Paris 1924)

Les Jeux de la VIIIe Olympiade s'inaugurèrent, à Chamonix, en février 1924 et cette préface neigeuse fut de tous points réussie, ce qui atténua les rancunes et affaiblit les préjugés des Scandinaves dont les champions, bien entendu, se distinguèrent. Le dégel (qui sera toujours le grand *drawback* de ces Jeux d'Hiver ; même Saint-Moritz devait l'éprouver quatre ans plus tard) fit place la veille de l'ouverture à un froid intense et calme. Il y eut de beaux spectacles, tel le match de hockey sur glace entre équipes du Canada et des États-Unis. Il y eut aussi une minute émouvante, celle où fut remise, au pied du mont Blanc, la médaille d'alpinisme à l'un des chefs de la fameuse équipe du mont Everest et où le vaillant Anglais, vaincu mais non découragé, fit le serment d'aller la déposer, cette fois, au plus haut sommet de l'Himalaya. Bref, cette première semaine augura bien de la destinée des Jeux d'hiver, comme de l'organisation olympique française.

À Paris, malheureusement, quatre mois plus tard, il fallut déchanter. Il était infaillible que les événements de 1922 eussent une répercussion prolongée et, à certains égards, irréparable. Les tracasseries et les incompréhensions administratives dépassèrent la norme. La patience et la persévérance des organisateurs en eurent raison. On ne saurait leur en témoigner trop de reconnaissance. Et non plus aux étrangers dont l'élan revêtit le caractère d'un hommage enthousiaste à la France. Le gouvernement ne s'en avisa point et ne sut pas en profiter. Un petit employé subalterne d'un service de l'État me disait modestement :

« Moi, je n'en puis juger qu'en "homme de la rue", mais, tout de même, il me semble bien que les pouvoirs publics n'ont pas su tirer de cette Olympiade tous les avantages qu'elle comportait. » Comme il y voyait juste et comme sa critique résumait bien les fautes commises ! Ce n'est pas ici le lieu d'en exposer et d'en apprécier le détail, car cela conduirait à une étude approfondie de l'état d'esprit des dirigeants et de l'opinion publique en France au lendemain de ce que je me suis permis d'appeler « la victoire sans tête » dans un chapitre de mes « autres » mémoires encore inédits. Quelle occasion unique de s'adresser à la jeunesse mondiale assemblée à Paris et de lui tendre le rameau de paix auréolé par la gloire récente ! Quel point de départ pour l'ère nouvelle dont tous les peuples avaient le souci ! Inutile maintenant de s'attarder à de stériles regrets. Mieux vaut simplement relater ce qu'il y eut, durant cette période olympique parisienne, de réconfortant à noter dans le déroulement des faits.

Il y eut la bonne humeur des athlètes à laquelle semblait présider de haut celle de deux augustes personnages : le président Doumergue et le prince de Galles, de qui, il est vrai, les sourires sont devenus légendaires. Puisqu'il s'agit de sport, je commencerai par les athlètes. Ceux qui les dépeignent à tout instant comme difficiles à satisfaire ne les connaissent guère, pas plus qu'ils ne se rendent compte des motifs d'excitabilité incessante que représente en une circonstance aussi solennelle l'agglomération sur un point donné de plusieurs milliers de jeunes gens pour lesquels le laurier olympique constitue l'ambition musculaire suprême. Ajoutez-y la contrainte de l'entraînement, les obstacles surmontés, le dépaysement physique, le désaccord fatal entre l'attente et la réalité, les mauvais hasards, la nervosité entretenue par l'épreuve prochaine... Que savez-vous, vous, le monsieur du dehors, dont les opinions simplistes et péremptoires se fabriquent en série d'après un compte rendu hâtif et bien souvent injuste (car le journaliste spécial, dont le métier du reste a aussi ses rudesses, n'est pas toujours équitable), que savez-vous de tout ce qui se dépense de vouloir, de sang-froid, de maîtrise de soi et d'entr'aide généreuse dans les quartiers d'athlètes ? Ayez du moins la pudeur de rendre hommage à la force de l'esprit sportif capable de résister aux manifestations intempérantes de ces spectateurs dont vous avez été peut-être et qui semblent si souvent s'ingénier à exalter non la saine et loyale concurrence, mais l'animosité et l'âpreté jalouse. Spectateurs clairsemés et ennuyés devant d'admirables prouesses gymniques ou nautiques qui ne sont pas « à la mode », spectateurs entassés et féroces dès que la mêlée de football ou la rencontre de boxe promettent de sensationnels horions... Devant eux combien ceux qui luttent paraissent en général équilibrés et virils dans la sérénité de leur philosophie pratique. Des exceptions, certes, il y en a beaucoup ! Mais, l'impression d'ensemble subsiste. De Stockholm à Anvers, d'Anvers à Paris, elle a prolongé son action réconfortante. À Paris, plus que jamais, elle s'est affirmée.

Il y avait huit jours que le président Gaston Doumergue s'était installé à l'Élysée, lorsqu'il se rendit sous escorte à la Sorbonne pour y assister. À la célébration du XXXe anniversaire du Rétablissement des Jeux Olympiques. Un écrin lui fut remis contenant côte à côte la médaille frappée trente ans plus tôt où s'inscrivaient ces mots : « Le Congrès International de Paris proclame le rétablissement des Jeux Olympiques. 23 juin 1894 » — et une autre médaille de décor identique où se lisaient ceci : « Les nations assemblées célèbrent le trentième anniversaire de l'Olympisme rénové, 23 juin 1924 ». Tandis que nous recevions le chef de l'État, mes collègues et moi, une foule de pensées s'évoquaient et, avant tout, l'image de la cérémonie de juin 1914 à la veille du cataclysme au cours duquel, quatre années durant, tant de jeunes existences faites pour les joies sportives allaient être sacrifiées : cérémonie toute semblable à celle-ci, avec les chœurs, les fanfares de chasse dans le grand vestibule, les drapeaux olympiques, les discours... toute semblable et pourtant, à certains détails, on sentait que la roue de l'histoire avait tourné et qu'une sorte d'égalisation instable prenait la place des tranquilles certitudes sociales d'une époque disparue.

Le soir, le président donna à l'Élysée, son premier grand dîner en l'honneur des membres du C.I.O. auxquels s'était joint le syndic de Lausanne, venu pour représenter à la Sorbonne la ville-siège du néo-olympisme. Le lendemain, une grande réception d'après-midi fut donnée à l'Hôtel de Ville dans la galerie des fêtes, avec représentation théâtrale. La session du C.I.O. s'ouvrit le 25 juin au Palais du Louvre, dans les somptueux appartements de gala du ministère des Finances. Nous y siégeâmes les 25, 26, 27 et 28 juin, puis la session fut interrompue pour permettre à la Commission exécutive, maintenant en fonctions régulières, de préparer divers travaux. Elle fut reprise le 7 juillet jusqu'au 13, en tout dix séances auxquelles prirent part quelques nouveaux membres : Lord Cadogan (Angleterre), le Dr Kishi (Japon), M. Benavides (Pérou), M. Aldao (Argentine).

Le 5 juillet, l'ouverture solennelle des Jeux eut lieu au Stade avec la pompe habituelle. Aux côtés du Président de la République, se trouvaient le prince de Galles, le prince royal et la princesse de Roumanie, le prince régent d'Éthiopie, le prince Henry d'Angleterre, le prince Gustave-Adolphe de Suède, les représentants du Gouvernement et de la Ville de Paris. Les pigeons s'envolèrent, le canon tonna, les chants s'élevèrent tandis qu'on arborait le gigantesque drapeau olympique destiné à flotter au-dessus du Stade jusqu'à la clôture. Le matin avait eu lieu à Notre-Dame une cérémonie renouvelée de celle d'Anvers et dont l'austère « neutralité », dans ce cadre unique revêtit une majesté impressionnante.

Le ras Taffari avec son manteau en forme de cône et son grand chapeau ne pouvait se promener parmi les athlètes dans les vestiaires du stade, mais les jeunes princes ne s'en firent pas faute. Le prince de Galles aimait à causer avec les champions et mettait tout le monde à l'aise en un instant. Une après-midi au stade, sur la pelouse, il regarda l'heure et anxieux me dit : « Y a-t-il un Anglais engagé dans les épreuves qui restent à courir ? Je voudrais bien aller jouer au polo au Bois de Boulogne. Je l'ai promis, mais s'il y a un Anglais, je ne puis m'en aller ». Je fus m'enquérir : « Oui, mon-seigneur. Il y en a un ». Et le prince renonça à son polo sans un instant d'hésitation, ni un mouvement de contrariété. Au grand banquet de deux cents couverts donné par la British Olympic Asso-ciation et qu'il présidait, on le vit, bien qu'il y eut là des ambassadeurs, des ministres, le maréchal Foch..., se lever pour tendre un verre de champagne à chacun des douze *bagpipers* qui, leur double tour de salle accompli, étaient venus se ranger derrière lui. Quand sonna l'heure des toasts, il porta le premier à son père, au chef de l'État français et aux autres chefs d'État des nations participantes. En se rasseyant, il me dit : « Ouf ! Voilà le premier obstacle sauté... » Et peu après, se relevant, il prononça à la gloire de l'olympisme, un véritable discours.

La simplicité du prince Carol de Roumanie n'était guère moindre. Il venait au stade conduisant une auto découverte et gé-néralement accompagné. Une après-midi, il était seul. Un brave sergot accourut me chercher dans la tribune présidentielle : « Monsieur, me dit-il, il y a là un particulier qui prétend être le prince héritier de Roumanie. Ce doit être un farceur. Il est tout seul dans sa voiture et la conduit. On veut le mener au poste parce qu'il a enfreint la consigne. » Je me précipitai. Le prince avait l'air ravi. « Pourquoi venez-vous ? me dit-il. On allait m'emmener au poste, c'eût été très amusant !... » Pas pour les hommes de garde qui faisaient une tête !

Cependant que se succédaient avec des fortunes diverses, les meetings d'escrime, de boxe, de lutte et qu'au stade les finales de course à pied, les sauts, les lancers soulevaient les acclamations, que dans d'autres décors, nageurs, rameurs, concurrents du penta-thlon moderne se disputaient la victoire, une équipe silencieuse et attentive travaillait d'arrache-pied dans les bureaux de la rue de Grammont, à faire mouvoir toute la machinerie. Témoin de leur labeur si sportivement accepté et exécuté, que ceux qui la compo-saient trouvent ici l'expression de mon admiration reconnaissante. Je n'aurais garde de négliger de louer en même temps l'activité amène du comte Clary, président du Comité, ni surtout la cheville ouvrière, l'infatigable et toujours jeune Frantz Reichel, à qui les membres du C.I.O. remirent une adresse signée d'eux tous.

Le marquis de Polignac s'était spécialisé dans l'organisation des concours d'art qui, grâce à lui, furent enfin dignes de l'olympisme. Mais non content d'un tel effort, il sut y joindre au théâtre des Champs-Élysées, une « saison d'art de la VIIIe Olympiade ». Elle valut aux Parisiens le plaisir d'entendre notamment la Neuvième Symphonie — celle qui fut toujours pour moi la symphonie *olympique* par excellence — exécutée par l'orchestre et les chœurs hollandais de la célèbre compagnie de Mengelberg d'Amsterdam. Ce ne fut pas là l'unique évocation de l'Olympiade prochaine, dont Amsterdam devait être le théâtre. Le ministre de Hollande, par une belle réception à la Légation, avait bien voulu souligner cette « course du flambeau » qu'évoquent les paroles de clôture des Jeux. Lorsque l'heure sonna cette fois de les prononcer, trois drapeaux furent arborés au stade : celui de la Grèce, celui de la France, celui de la Hollande et les hymnes des trois pays les saluèrent. Il continuera d'en être ainsi en hommage à l'hellénisme immortel en même temps qu'aux Jeux terminés et aux Jeux prochains. Par cette addition se trouva complété à mon gré le protocole du cérémonial olympique que j'avais construit pièce à pièce et par étapes, pour ne pas surprendre des spectateurs et des acteurs mal préparés à s'y soumettre. Aujourd'hui encore, bien des gens n'en comprennent pas la valeur pédagogique ou en estiment le symbolisme suranné. Mais on est accoutumé aux spectacles, aux formules qu'il comporte et il est peu probable qu'on s'en écarte désormais.

Ainsi s'achevaient petit à petit mes préparatifs de retraite. Il restait deux points importants. À plusieurs reprises, j'avais fait approuver par le C.I.O. la décision que les noms des vainqueurs seraient gravés, après la célébration de chaque Olympiade, sur des plaques de marbre apposées aux murs du stade, témoin de leurs exploits. On m'objectera que les stades olympiques ne sont pas tous assurés de longévité, mais en cas de démolition, ne pourrait-on transporter à l'Hôtel de Ville par exemple, les stèles triomphales ? Précisément parce que l'ambition de vaincre en ces tournois quadriennaux est la plus haute qui se manifeste parmi la jeunesse musculaire internationale, il convenait d'assurer à celle-ci le genre de récompense civique qu'avait conçue et réalisée l'antiquité. Les promesses rétrospectives qui me furent faites à cet égard concernant les Jeux de Stockholm et d'Anvers, n'ont pas été tenues et ni Paris ni Amsterdam ne paraissent s'en préoccuper. Ce fut là une grande faute encore que réparable le jour où on le voudra, avec un peu de vouloir, de persévérance et d'argent.

L'heure d'autre part me semblait avoir sonné de faire aux Fédérations internationales, maintenant consolidées et assagies dans leurs rapports avec l'olympisme, une part plus normale quant à l'organisation technique des Jeux. Mais je crus devoir laisser à mon successeur, encore inconnu, l'avantage de réaliser ce progrès. La Commission exécutive se réunissait à Lausanne chaque automne, trois jours durant, pour l'examen des affaires courantes et la préparation de la session prochaine du C.I.O. À la réunion de novembre 1924 je remis donc à mes collègues, afin d'en disposer à leur gré, un projet auquel furent substitués dans la suite des arrangements différents et qui, de ce fait, est demeuré inconnu. Il prévoyait la création d'un Comité technique de quinze membres dont les pouvoirs devaient s'étendre sur une période de trois années, à partir du 1er janvier de l'an II de chaque Olympiade, jusqu'au 31 décembre de l'an IV. Ce Comité serait composé de trois délégués du C.I.O., de six délégués des Comités olympiques nationaux et de six délégués des Fédérations internationales. À cette assemblée incomberait la tâche, pendant la période de préparation des Jeux, de contrôler cette préparation au point de vue technique, de recueillir et de transmettre les vœux des Fédérations et des Comités, de s'assurer de la bonne interprétation et application des règlements et pendant la période de célébration, d'examiner les réclamations, d'apprécier la suite à leur donner, de conduire les enquêtes relatives à la qualification des concurrents, au fonctionnement des jurys, etc.

Le but de cette création maintenant sans danger était de restituer au C.I.O. la plénitude de son rôle sénatorial et en même temps d'associer plus étroitement à l'œuvre commune les pouvoirs techniques en leur attribuant une juste part de pouvoir et de responsabilité.

XXII

Prague (1925)

L'invitation à tenir à Prague le congrès, ainsi que la session du C.I.O. en 1925, nous était parvenue à Rome deux ans plus tôt et avait été aussitôt acceptée. Elle portait la signature du ministre des Affaires étrangères, M. Benès. Cette même année, j'avais rendu visite au président Masaryk en séjour à Montreux et constaté l'intérêt qu'il portait à l'olympisme rénové. Il n'était que justice d'ailleurs de rendre hommage à cette splendide ville de Prague, l'une des plus belles du monde à coup sûr, des plus prestigieuses aussi par tout ce qui s'y est accumulé d'histoire aux péripéties dramatiques et profondément humaines. Pour moi, qui dès l'origine du mouvement olympique y avais associé la Bohème et n'avais cessé de défendre ses droits, il me plaisait tout particulièrement d'y aller finir ma carrière d'activité présidentielle. Et c'était aussi le moyen de témoigner à mon fidèle collaborateur et ami Jiri Guth-Jarkovsky, seul représentant maintenant de l'équipe première, ma gratitude et mon attachement.

La session du C.I.O. s'ouvrit le 26 mai 1925 à l'Hôtel de Ville. Parmi les nouveaux venus se trouvaient le comte Bonacossa (Italie), le baron Schimmelpenninck (Hollande), le secrétaire d'État Lewald (Allemagne), M. Ivar Nyholm (Danemark) et le Dr Haudeck (Autriche). À la première séance, le capitaine Scharroo apporta des nouvelles satisfaisantes d'Amsterdam. À vrai dire, grâce à lui et à ses collaborateurs, tout s'y organisait d'une manière excellente, mais un moment la IXe Olympiade s'était trouvée en péril parce que… les piétistes s'étant insurgés contre le caractère «païen» de cette restitution avaient réussi à entraver le vote des crédits. Cette Olympiade allait-elle donc s'attribuer un record préalable, celui de la sottise ? Mais l'opinion s'étant rebellée devant les hésitations des gouvernants, une souscription publique avait indiqué à ces derniers qu'ils faisaient fausse route. Et tout était rentré dans l'ordre. Tout de même, au XXe siècle ! Quelle leçon de choses pour ceux qui croient en avoir fini avec les multiples aspects de l'obscurantisme et avoir «terrassé l'hydre de l'ignorance». Ce qui ne cessait au contraire de m'inquiéter, c'était justement l'extension et l'aggravation de cette insuffisance intellectuelle du temps présent. Car le savoir n'est rien sans la compréhension ; et la connaissance spécialisée, à l'aide de laquelle, on s'imagine de nos jours mettre l'homme à même de saisir les ensembles, les lui déforme au contraire. Ayant depuis un quart de siècle étudié ce problème-là, ses conséquences probables et sa solution possible, j'étais impatient de pouvoir dorénavant m'y consacrer entièrement et c'est pourquoi les travaux olympiques à Prague me trouvaient parfois un peu inattentif et distrait. Je sentais à cet égard mon rôle achevé. J'avais conscience de laisser à mon successeur une situation privilégiée et hors d'atteinte.

Après les affaires de Hollande, on examina celles de Californie à échéance lointaine d'ailleurs et déjà plus avancées que cela n'avait jamais été le cas dans le passé. L'avenir de la conquête africaine, compromis par la défection algérienne, se consolidait depuis qu'Alexandrie avait accepté l'héritage et que A. C. Bolanachi s'y dévouait si complètement. Les Jeux d'hiver avaient victoire complète. Nos collègues scandinaves convaincus et convertis s'étaient ralliés sans restriction. J'en étais heureux, ayant toujours souhaité voir cette annexe hivernale dûment légalisée, mais je me reproche d'avoir alors laissé pénétrer dans nos codes, sous le titre de Charte des Jeux d'hiver, un texte qui pourra créer des embarras. Il eût fallu au contraire interdire tout numérotage à part et donner à ces concours le numéro de l'Olympiade en cours.

Pour finir, on ouvrit l'armoire aux cadavres et on en sortit, pour l'étudier à nouveau, la momie amateuriste avec sa suite : manque à gagner, argent de poche, distinction entre professeur et professionnel, conséquences du contact de l'amateur et du professionnel, etc. Tout cela allait être discuté une fois de plus par le congrès qui s'annonçait non pas orageux quant à son ordre du jour, mais exposé à des incidents du fait de certains agitateurs. D'autre part, une ingérence du dehors absolument inattendue s'était produite à propos de l'élection du nouveau président du C.I.O. Il s'agissait d'empêcher la présidence de passer entre des mains non françaises et pour cela d'obtenir que je consente à la conserver jusqu'à l'année suivante, ce qui donnerait à la manœuvre le temps de se développer. Il eût été tout à fait déloyal de ma part de me prêter à de pareils agissements. Les membres de la Commission exécutive consultés — et le révérend Laffan avec eux — se montrèrent catégoriques dans leur protestation. Au grand dîner suivi de réception donné le 27 mai par M. et Mme Benès, au Palais du Hradschin, dans la fameuse « salle blanche », le ministre me dit qu'il avait été prié d'intervenir à cet égard mais s'y était refusé, considérant qu'il eût été incorrect de sa part d'empiéter le moins du monde sur l'indépendance du C.I.O.

Le lendemain 28 mai, il fut procédé à l'élection. Le nombre des votants étant de 40, la majorité à atteindre était de 21. Au premier tour, des voix s'égarèrent encore sur mon nom malgré moi, par témoignage de sympathie ; au second tour, le comte de Baillet-Latour fut élu. Le calme et la satisfaction accueillirent cette élection qui témoignait de la force des rouages olympiques et donnait à tous le sentiment de la sécurité. La session proprement dite se termina de la sorte à la veille de l'ouverture du congrès. Des fêtes très brillantes avaient lieu presque quotidiennement : garden-party présidentielle, représentation de gala à l'Opéra, matinée au célèbre palais Wallenstein, dîners offerts par le conseiller et Mme Guth Jarkovski, par le ministre de l'Hygiène, le maire de Prague, l'Automobile-Club et le Comité olympique tchécoslovaque, etc. À l'ouverture du Congrès, des chœurs magnifiques se firent entendre, dont les graves sonorités en ce lieu historique éveillaient la mémoire de Jean Huss et du roi Georges de Podiébrad.

Il avait été décidé que la transmission des pouvoirs se ferait à Lausanne et que l'autorité de mon successeur s'exercerait à dater du 1ᵉʳ septembre. De ce fait, j'étais encore président en fonctions et susceptible d'intervenir au congrès. Aussi bien, sur la proposition du général Sherrill, mes collègues m'avaient nommé « président d'honneur à vie des Jeux Olympiques » en spécifiant que cette dignité ne serait jamais conférée à personne après moi. Mais, comme je l'avais déjà fait en 1921, j'avais désigné J. S. Edström pour diriger les débats. Ce choix était toujours agréable aux fédérations, Edström étant à la fois membre du C.I.O. et président de la Fédération internationale d'athlétisme. Il apportait à remplir ce rôle délicat un zèle et une conscience admirables et les enveloppait d'une certaine rudesse mais tempérée de justice et de bonté et dont nul ne se formalisait. Cette fois, pourtant, il trouva l'assemblée difficile à manœuvrer et, les premiers jours, en éprouva quelque découragement. Cela provenait plutôt, à mon avis, de la nature quasi insoluble du problème en face duquel on se retrouvait à nouveau que de l'état d'esprit de la majorité des congressistes. Ils voulaient sincèrement le bien des institutions sportives, mais se sentaient investis de mandats souvent contradictoires, selon la nationalité dont ils se réclamaient et le sport particulier qu'ils représentaient. Les passions nationalistes avaient été tellement exacerbées par la guerre que bien des points de vue s'en trouvaient faussés, alors que d'autre part on tendait plus que jamais, par ambiance générale et aussi par une sorte d'instinct secret de conservation sociale à se réclamer de l'internationalisme dans les domaines les plus variés : étrange contradiction de l'heure présente que bien de nos contemporains ont déjà eu occasion de signaler.

Un autre congrès se tenait à Prague conjointement avec le congrès technique. Il était d'ordre pédagogique et nous l'avions convoqué d'accord avec le gouvernement tchécoslovaque en ayant soin de spécifier que « ni le principe, ni les modalités de l'éducation physique n'étaient en cause » et que l'assemblée n'aurait « à aucun degré pour mission la recherche ou l'adaptation des meilleures méthodes », mais simplement « l'étude des voies à suivre pour améliorer sur différents points l'organisation sportive sans affaiblir ni modifier son caractère fondamental ». Ces points spéciaux étaient les suivants : excès d'exhibitions, combats de boxe, restrictions pendant l'adolescence, participation des femmes, renaissance du « gymnase antique », développement du franc-jeu et de l'esprit chevaleresque, collaboration des universités, cure de sport, lutte contre les faux sportifs. C'était, comme on le voit, un ensemble de questions en apparence désunies que reliait pourtant le fil résistant bien que ténu d'une commune préoccupation d'ordre psychophysiologique. Chaque question était accompagnée d'un paragraphe explicatif et posée en termes semblant exclure la possibilité de s'écarter du terrain délimité. Le Congrès pédagogique pourtant versa assez vite dans l'une des ornières habituelles au « palabrisme » contemporain : à savoir, l'incapacité à traiter un sujet de façon à la fois objective et pratique sans s'en laisser détourner par le souci de mettre ici une opinion en relief ou de ménager là un intérêt particulier. Il en résulte en général une éloquence sans ossature qui ne laisse pas grand-chose derrière elle. Ce fut le cas cette fois. N'intervenant pas au congrès technique, j'avais eu scrupule à prendre une part trop active à celui-là. Cependant, les sujets inscrits au programme me tenaient à cœur et c'est sur mon désir qu'ils y figuraient. Mais j'eus l'occasion d'y revenir par la suite dans des circonstances plus favorables.

En conformité avec la décision prise, le comte de Baillet-Latour entra en possession de ses fonctions le 1ᵉʳ septembre suivant. Peu de jours après eut lieu sa visite officielle au Conseil d'État vaudois et à la municipalité de Lausanne. Le président du Conseil d'État et le syndic de la ville donnèrent un déjeuner en son honneur. Nous nous rendîmes ensuite à Berne où le président de la Confédération, alors M. Musy, nous reçut de même à déjeuner après la visite au palais fédéral et l'échange des compliments d'usage.

XXIII

Olympie (1927)

Le 16 avril 1927, un train spécial emmenait d'Athènes à destination d'Olympie tout un cortège inaugural ayant à sa tête le ministre de l'Instruction Publique, M. Argyros, et comprenant le recteur de l'Université, le président de l'Académie d'Athènes, le directeur de l'École française d'Archéologie, les présidents d'un grand nombre de sociétés de sport, des professeurs ainsi que divers invités étrangers. Le trajet est long. La voie ferrée contourne la baie d'Eleusis, suit le rivage en vue de Salamine, traverse le canal de Corinthe et longe le golfe jusqu'à Patras, puis se dirige au sud vers Pyrgos et prend fin à Olympie, dans le vallon où coule le Cladeos. Les ruines sont toutes proches au pied du mont Kronion, presque au confluent de l'Alphée et du Cladeos. Le village et la petite gare ont eu la discrétion de se situer à proximité, mais en dissimulant leur modernisme en sorte que rien ne vient troubler la majesté de la cité sainte et la pieuse rêverie de ceux qui la visitent en pèlerins de l'histoire.

Ce pèlerinage, il y avait alors trente-trois ans que je l'avais accompli dans une solitude propice aux réflexions, accompagné seulement par celui de ses membres que la Société panachaïque de Patras avait eu l'obligeance de déléguer à cet effet. Un soir de novembre 1894, j'étais arrivé d'Athènes, rentrant en France par l'Italie, conscient tout à la fois des résultats déjà obtenus et des aléas terribles qui m'attendaient sur la route à suivre. Je me souviens du sentier qui montait en serpentant vers la petite colline où se trouvent le musée et l'hôtel. Un air pur, embaumé de senteurs, soufflait des rives de l'Alphée. Le clair de lune anima un moment un paysage vaporeux puis la nuit étoilée tomba sur les deux mille ans dont je venais chercher l'émouvant contact. Le lendemain, de ma fenêtre, je guettai le lever du soleil et dès que ses premiers rayons eurent traversé la vallée, je me hâtai seul vers les ruines. Leur petitesse provenant d'une part de la proportion restreinte des édifices et de l'autre, de leur entassement (cette absence d'espaces libres si caractéristique de la civilisation grecque et romaine et à laquelle s'opposent, en un contraste saisissant, les conceptions perses), leur petitesse donc ne me surprit ni ne me déçut. C'est une architecture morale dont j'avais à recueillir les enseignements et celle-là magnifiait toutes dimensions. Ma méditation se prolonge tout le matin tandis que seul le bruit des clochettes des troupeaux sur la route d'Arcadie troublait le silence.

Les souvenirs d'alors me revinrent en foule en cette soirée du 16 avril 1927. Autour de la gare s'étaient bâties de nombreuses maisons, mais les environs de l'hôtel et du musée n'avaient point changé. Nous passâmes près d'une sorte d'obélisque recouvert de toiles. C'était le monument de marbre blanc érigé par le gouvernement hellénique et sur lequel je savais que mon nom se trouvait gravé en grec et en français. Il y eut un grand dîner à l'hôtel, une sorte d'agape à base de plats populaires qui avaient comme un parfum d'antiquité. Et de nouveau tout se répéta pour moi : la veillée à la fenêtre à contempler les rayons d'une lune fugitive glissant sur les prés de l'Alphée et, dès l'aube du lendemain, l'errance à travers les ruines à la poursuite des grandes images d'autrefois.

La cérémonie de l'inauguration eut lieu le 17 avril, à dix heures du matin. Nous nous assemblâmes, entourés de nombreux assistants venus des villages voisins, au pied du monument que recouvraient un drapeau grec et un drapeau français. Trois prêtres, revêtus de leurs ornements, alternèrent une sorte de psalmodie coupée d'oraisons et leurs voix chevrotantes semblaient monter du passé byzantin, héritier de l'hellénisme christianisé. Puis le ministre prit la parole. À son discours, je répondis brièvement. Ensuite, le chargé d'affaires de Suisse associa son pays et la ville de Lausanne à l'acte qui venait de s'accomplir : acte empreint d'une simplicité seule compatible avec la grandeur du lieu. Le train spécial repartait déjà à midi 45, pour nous ramener à Athènes à la nuit tombante.

Je tiens à reproduire ici le texte du message par radio qui fut adressé ce même jour à la « *Jeunesse sportive de toutes les nations* ». Ce texte n'a pas été partout exactement reproduit et certaines traductions en ont mal interprété un passage.

« Olympie, 17 avril 1927

(An IV de la VIIIe Olympiade).

« Aujourd'hui, au milieu des ruines illustres d'Olympie, a été inauguré le monument commémoratif du rétablissement des Jeux Olympiques proclamé voici trente-trois ans. Par ce geste du gouvernement hellénique, l'initiative qu'il a bien voulu honorer a pris rang dans l'histoire. C'est à vous de l'y maintenir. Nous n'avons pas travaillé, mes amis et moi, à vous rendre les Jeux Olympiques pour en faire un objet de musée ou de cinéma ni pour que des intérêts mercantiles ou électoraux s'en emparent. Nous avons voulu, rénovant une institution vingt-cinq fois séculaire, que vous puissiez redevenir des adeptes de la religion du sport telle que les grands ancêtres l'avaient conçue. Dans le monde moderne, plein de possibilités puissantes et que menacent en même temps de périlleuses déchéances, l'Olympisme peut constituer une école de noblesse et de pureté morales autant que d'endurance et d'énergie physiques, mais ce sera à la condition que vous éleviez sans cesse votre conception de l'honneur et du désintéressement sportifs à la hauteur de votre élan musculaire. L'avenir dépend de vous. ».

À Athènes avaient été organisées diverses manifestations dont J. E. Chryssafis, directeur de l'Éducation physique, était l'âme. Son ardeur et sa féconde activité se sont dépensées sans compter depuis des années au service du bien public. Lui et le nouveau membre du C.I.O. pour la Grèce, M. George Averoff, décédé prématurément il y a deux ans, s'ingéniaient, semble-t-il, à vouloir effacer de mon souvenir ce qui pouvait y demeurer de tels épisodes des premiers Jeux. Mais il n'en restait rien en vérité. Que ma thèse alors ait soulevé des objections, éveillé même trop vivement des susceptibilités patriotiques, il n'y avait là rien que de naturel. Tous comprenaient maintenant qu'en concevant les Jeux nouveaux sur un plan totalement international et en voulant leur donner pour cadre le monde entier, j'avais non seulement adopté le seul moyen pratique d'en assurer la pérennité, mais servi l'hellénisme au mieux de ses véritables intérêts. Je n'ai cessé de le servir en d'autres circonstances aussi, toujours en cherchant à l'extérioriser, à le présenter non comme chose du passé digne de respect et de réflexion, mais comme chose de l'avenir digne de foi et de dévouement. Il y a au fond du creuset où se préparent les destins de la société prochaine une sorte de conflit éliminatoire latent entre le principe de l'État romain et celui de la cité grecque. C'est en vain que l'orgueil futuriste prétend créer du nouveau. Nous sommes voués à reconstruire sur l'un de ces deux soubassements. Les apparences sont en faveur de l'État romain. Pour moi, je crois à la cité grecque.

Qu'on m'excuse pour ces considérations en apparence bien étrangères à l'Olympisme. Mais ce fut là, en ce dernier séjour prolongé sur le sol grec, le sujet de ma satisfaction continue : sentir que mon philhellénisme était désormais compris et apprécié par tous mes chers amis hellènes. C'est pourquoi parmi les hommages dont ils m'honorèrent, il n'y en eut peut-être point auquel je fus plus sensible qu'à cette remise en vigueur d'une coutume délaissée depuis les temps anciens : l'attribution d'un siège de marbre au Stade avec le nom du bénéficiaire gravé en lettres d'or sur le dossier. J'ai occupé mon siège une fois seulement. Ce fut pour assister à une fête sportive donnée à l'occasion de la visite d'une équipe universitaire anglaise : pistes cendrées, souliers à pointes, stade restauré… Mais les athlètes modernes débouchèrent par le vieux souterrain qui livrait passage à leurs devanciers d'il y a vingt siècles : et leurs âmes étaient pareilles et leur jeunesse nimbée par le même élan printanier de joie musculaire.

Lorsqu'après les courses nous eûmes occasion de nous entretenir, ce fut pour discuter la question du stade et de ses tournants. On en connaît le caractère insoluble. Les tournants sont trop courts pour les vitesses actuelles et les coureurs sont handicapés et risquent même de se blesser. La conception moderne, qui est de faciliter sous les pas de l'athlète la conquête de records toujours plus étonnants en aidant matériellement son effort, est exactement l'inverse de la conception antique qui visait à rendre cet effort plus méritoire en l'entourant d'obstacles à vaincre. Ainsi la piste de sable mouvant et la piste élastique cendrée représentent les deux extrêmes de l'idée sportive. Insoluble, le problème ?… Je me trompe. Quelques modernistes outranciers avaient trouvé une solution. Elle consistait à combler un tiers du stade en sacrifiant deux rangs de gradins de façon à agrandir la surface aménageable. Mutiler de la sorte le stade de Périclès !… Était-ce un « barbare » qui avait conçu le premier cette invention sacrilège ? Les étudiants du nord, élevés dans le culte du classique et de l'histoire, s'insurgeaient intérieurement contre cet utilitarisme déjà répudié, il est vrai, par l'opinion du peuple hellène. À un moment, je vis l'un d'eux lever les yeux vers la divine Acropole encore lumineuse et ensoleillée, tandis que l'ombre s'étendait autour de nous. Le Stade se vidait.

La blancheur marbrée en reprenait possession. L'étudiant heureux de vivre, le corps tout plein de cette volupté de la fatigue sportive qui verse à l'être jeune l'espérance et l'ambition, semblait, dans son regard devenu fixe, implorer Minerve et lui rendre hommage. Il était comme la représentation sculpturale du néo-olympisme, comme le symbole des victoires prochaines qui attendent l'Hellénisme toujours vivace et toujours adapté aux circonstances humaines.

XXIV

Légendes

Autour des Jeux Olympiques, déjà, des légendes se sont créées. Les légendes d'autrefois étaient des inventions poétiques qui déformaient gracieusement la réalité. Celles d'aujourd'hui ne sont trop souvent que le revêtement hâtif d'erreurs commises par irréflexion et que l'on s'est dispensé de vérifier avant de les énoncer — et encore plus après. On les a énoncées par besoin de critique intéressée ou pour obéir à quelque rancune mesquine ; plus souvent encore parce que, simplement, cela comportait un jugement rapide, facile, empreint d'une apparence de logique et prêtant à des développements commodes. C'est dans cette dernière catégorie qu'il convient de classer la légende de ma « repentance ». Combien de fois n'ai-je pas relevé ici ou là des allusions apitoyées ou teintées d'ironie à ma « déception », à mes « désillusions », à la « déviation » de mon dessein primitif, à la façon dont l'événement avait « trahi mes espérances » !

Or tout cela n'est qu'imagination pure. On se contredit d'ailleurs en exaltant l'olympisme antique au-delà des bornes du vraisemblable dès qu'on l'envisage sous l'angle esthétique pour déclarer ensuite qu'il n'a mis en ligne que des professionnels — et de même pour le néo-olympisme, en n'apercevant tantôt que la rivalité internationale qu'il suscite et tantôt le mercantilisme à l'aide duquel il est censé s'alimenter exclusivement. Les termes « professionnels » et « amateurs », appliqués à l'antiquité, sont dépourvus de toute signification. Ce qui rapproche olympiquement les deux époques, c'est le même esprit *religieux*, cet esprit qui a d'ailleurs refleuri dans l'intervalle chez le jeune athlète du Moyen-Âge. *Religio athletæ* : les anciens avaient entrevu le sens de cette parole ; les modernes ne l'ont pas encore ressaisi. J'estime qu'ils y inclinent. Des romanciers comme Montherlant ou Kessel pour n'en citer que parmi ceux de notre langue, m'en donnent l'impression.

Le bon sens à défaut de science suffit à faire comprendre comment les Jeux antiques ne furent exempts ni d'incidents fâcheux, ni de périodes effacées, ni d'attaques conduites par des adversaires irréductibles. Olympie a connu ses destins désunis. L'olympisme les a traversés sans y sombrer. Le néo-olympisme évoluera de même. Les Jeux rétablis ont sur leurs devanciers cette double supériorité : leur caractère mondial et leur célébration mouvante. Ils sont ainsi plus souples et plus solides. C'est au début qu'ils ont couru des risques ; à présent la sève est trop vivace pour se tarir. La guerre de 1914-1918 ne les a pas ébranlés : la révolution sociale ne les atteindrait pas davantage. Il est curieux de constater du reste qu'en doublure de l'organisation « capitaliste » fonctionne déjà une organisation « prolétarienne ». Des « olympiades ouvrières » ont eu lieu à des intervalles réguliers non sans succès. À l'heure où j'écris, on construit à Moscou, paraît-il, un stade monstre où sera célébrée la prochaine. On en profiterait même pour débaptiser la manifestation, ce qui sera d'une puérilité lamentable et soulignera le trait trop fréquent de l'action révolutionnaire : alors qu'il y aurait tant d'institutions nécessitant des rénovations, on se borne à les changer de noms : des mots au lieu d'actes.

Quoi qu'il en soit, cette diffusion du sport parmi les travailleurs manuels est pour l'olympisme un gage indéniable de survie, quelle que doive être l'issue du duel engagé pour la possession du pouvoir dans tout l'univers entre deux formules sociales totalement opposées. Elle implique aussi la reconnaissance de ce fait primordial passionnément nié jusqu'assez récemment. Le sport n'est pas un objet de luxe, une activité d'oisif non plus qu'une compensation musculaire du travail cérébral. Il est pour tout homme une source de perfectionnement interne éventuel non conditionnée par le métier. Il est l'apanage de tous au même degré sans que son absence puisse être suppléée.

Le point de vue ethnique n'est aucunement différent. Le sport est l'apanage de toutes les races. Il n'y a pas longtemps non plus qu'on en déclarait les Asiatiques exclus par la nature. L'an passé à Genève, un des hauts fonctionnaires japonais de la Société des Nations, me disait : « On ne peut s'imaginer à quel degré le rétablissement des Jeux Olympiques a transformé mon pays. Depuis que nous participons aux Jeux, notre jeunesse est entièrement renouvelée. » Je pourrais citer, venus des Indes et de Chine, des témoignages d'une constatation équivalente.

C'est une supériorité singulière pour une institution qu'elle puisse à la fois se propager ainsi en profondeur sociale et en surface internationale. Alors je vous en prie, quelle importance voulez-vous que j'attribue aux petites myopies qui inspirent les pronostics fâcheux ? À chaque olympiade, j'ai lu que ce serait la *dernière* parce que… Eh bien ! parce que le chroniqueur (il faut voir les choses comme elles sont) a été mal logé, qu'on l'a exploité dans les restaurants ou que les installations télégraphique et téléphonique n'ont pas fonctionné comme il eût fallu. Ma foi, c'est assez humain. Aussi les organisateurs devraient-ils se préoccuper davantage de ces trois points. Seulement leurs relations avec les destins ultimes de l'olympisme apparaissent distantes et indirectes ! Celui-ci demeure assis sur des fondations solides en face d'horizons vastes. C'est pourquoi le flambeau éteint ici se rallumera là ; le vent du moment suffira à en faire courir la flamme autour du globe.

On estimera peut-être que ces propos sont inspirés par l'orgueil. Mais si j'ai une haute opinion et une grande fierté de l'œuvre qu'il m'a été donné d'accomplir, je ne m'y reconnais aucun mérite. Le mérite commence là où l'individu obligé de lutter contre lui-même ou contre des circonstances par trop défavorables remporte des victoires sur son propre tempérament et, comme on dit, parvient à « dompter la fortune ». Favorisé par le sort à bien des égards, sans cesse maintenu en face de ma tâche par une sorte de force interne à laquelle il m'est même advenu de chercher vainement à échapper, je ne compte point de telles victoires à mon crédit.

Voilà donc l'esprit dans lequel j'ai écrit les Mémoires qu'on vient de lire. Il y avait deux méthodes : ou bien habiller le sujet, le couper d'anecdotes, émailler le récit de hors-d'œuvre distrayants au risque de modifier quelque peu l'aspect rétrospectif des choses, ou bien s'en tenir aux faits en respectant leur valeur proportionnelle et leur strict enchaînement naturel. Cette seconde méthode m'obligeait à multiplier fastidieusement les *je* et les *moi*. Mais elle était la seule exacte et la plus sincère. En l'adoptant, je me suis proposé par ailleurs de ne laisser de côté rien d'essentiel et surtout de n'oublier personne parmi les collaborateurs fondamentaux qui ont fourni de longues étapes et près de qui j'ai trouvé un appui constant. Ne pouvant nommer les autres, les collaborateurs occasionnels, je leur adresse collectivement en terminant un remerciement sincère.

Et maintenant, si je me déclare parfaitement satisfait de l'évolution du néo-olympisme, est-ce à dire que je ferme les yeux aux évidences mauvaises ? Je ne puis mieux m'en disculper qu'en insérant ici le texte d'un dernier document dont l'importance est capitale à mes yeux. C'est la « Charte de la réforme sportive » communiquée le 13 septembre 1930 à Genève au cours d'une séance que M. le conseiller fédéral Motta avait bien voulu présider en personne. Cette charte a été traduite dans un grand nombre d'idiomes. On en a tiré en français et en allemand des exemplaires sous forme d'affiches murales qui ont eu à la dernière exposition de Berne un grand succès. Elle a été assez généralement approuvée, mais ses articles réclament des intéressés trop d'abnégation et de sacrifices pour qu'ils se soient résignés d'emblée à en mettre en pratique les prescriptions. Cela ne peut se produire que lentement, pas à pas.

Voici ce texte :

Ce que l'on reproche au sport se ramène à trois ordres de griefs :
Surmenage physique ; Contribution au recul intellectuel ;
Diffusion de l'esprit mercantile et de l'amour du gain.

On ne peut nier l'existence de ces maux, mais les sportifs n'en sont pas responsables. Les coupables sont : les parents, les maîtres, les pouvoirs publics et, accessoirement, les dirigeants de fédérations et la presse.

Les mesures de salut qui s'indiquent sont les suivantes :
Établissement d'une distinction nette entre la culture physique *et* l'éducation sportive *d'une part, l'éducation sportive et la compétition d'autre part ;*

Création d'un «baccalauréat musculaire» *selon la formule suédoise avec épreuves variant d'après la difficulté, l'âge et le sexe ;*

Championnats internationaux tous les deux ans *seulement, les* années 1 *et* 3 *de chaque Olympiade ;*

Suppression de tous championnats organisés par des casinos et des hôtels ou à l'occasion d'Exposition et de festivités publiques.

Suppression de tous Jeux mondiaux faisant double emploi avec les Jeux Olympiques et ayant un caractère ethnique, politique, confessionnel...

Suppression des combats de boxe avec bourses ;

Introduction des exercices aux agrès parmi les sports individuels sur un pied de parfaite égalité ;

Unification désirable des sociétés dites de gymnastique *et dites* sportives ;

Acceptation de la distinction entre le professeur et le professionnel, le premier pouvant être considéré comme amateur dans tous les sports qu'il n'a pas enseignés ;

Recours au serment individuel prêté par écrit avec énumération des diverses sources de profits susceptibles d'être réalisés ;

Suppression de l'admission des femmes à tous concours où des hommes prennent part ;

Renonciation par les municipalités à la construction d'énormes stades destinés aux seuls spectacles sportifs et substitution à ces édifices d'établissements conçus d'après le plan modernisé du gymnase hellénique antique ;

Interdiction de tous concours avec spectateurs pour juniors audessous de 16 ans ;

Création d'associations sportives scolaires sous les seules couleurs desquelles les écoliers et collégiens seront admis à participer à des compétitions ;

Recul de l'âge d'enrôlement des Boy-scouts ;

Développement d'une médecine sportive prenant son point d'appui sur l'état de santé *au lieu du* cas morbide *et faisant une part beaucoup plus large à l'examen des caractéristiques psychiques de l'individu ;*

Encouragements donnés par tous les moyens à l'exercice sportif pour les adultes individuels *par opposition aux adolescents chez lesquels il y a lieu au contraire de le réfréner quelque peu ;*

Intellectualisation du scoutisme par le moyen de l'astronomie générale, de l'histoire et de la géographie universelles ;

Intellectualisation de la presse sportive par l'introduction de chroniques consacrées à la politique étrangère et aux événements mondiaux.

On le voit, dans cette Charte, il n'est proposé aucune réforme concernant les Jeux Olympiques. Au contraire, la préoccupation est de débroussailler le sol autour d'eux pour les mieux mettre en relief, les isoler, les grandir. Loin en effet de représenter l'abus du championnat, ils sont aptes à le réfréner. Loin de diffuser la tendance à l'excès, ils la restreignent. Mais l'idée de supprimer l'excès est une utopie de non-sportifs. « Pour que cent se livrent à la culture physique, il faut que cinquante fassent du sport. Pour que cinquante fassent du sport, il faut que vingt se spécialisent. Pour que vingt se spécialisent, il faut que cinq se montrent capables de prouesses étonnantes ». Impossible de sortir de là. Tout s'enchaîne. C'est ainsi que le record se tient au sommet de l'édifice sportif comme cet « axiome éternel » dont parlait Taine à propos de la loi de Newton. N'espérez pas l'abattre sans tout détruire. Résignez-vous donc, vous tous, adeptes de l'utopie contre nature de la modération à nous voir continuer de mettre en pratique la devise donnée par le père Didon jadis à ses élèves et devenue celle de l'Olympisme.

CITIUS, ALTIUS, FORTIUS.

Suite du dossier documentaire
de Yoann Laurent-Rouault,
directeur littéraire et artistique des éditions JDH

Extrait affiche 1936 J.O de Berlin. Pixellisation Cat's Society. Collection privée

Panoramique des Jeux Olympiques modernes
ou
128 ans d'histoire mondiale

Catalyseur moderne des crises et autres événements politiques, les Jeux Olympiques ont été souvent à la une de l'actualité mondiale pour ces raisons. Le sport étant devenu rapidement un vecteur universel de communication entre les peuples, comme une vitrine géopolitique pour les États et un présentoir pour les idéaux et les revendications des minorités ethniques ou sociales. Voici donc, en bref, quelques dates clés liées à des faits remarquables qui se sont déroulés à l'occasion de diverses sessions des Jeux Olympiques, et de façon plus ample, un panorama chronologique du phénomène olympien.

✓ 1896. Athènes voit s'ouvrir les premiers Jeux de l'ère moderne. Ils se déroulent du 6 au 15 avril 1896, sur neuf jours de compétition pendant lesquels 241 sportifs s'affrontent dans neuf sports différents pour un total de 122 médailles. À noter que les sportifs professionnels sont exclus des épreuves comme les femmes, au profit de l'amateurisme sportif de sexe masculin, selon la formule consacrée. C'est, au moment des faits, la première fois qu'une réunion sportive rassemble autant de participants. Ces Jeux connaissent un grand succès auprès du public grec. La victoire de leur compatriote Spyrídon Loúis dans le marathon est l'un des moments forts de la compétition. Le sportif le plus titré à l'issue des neuf jours de compétition est le lutteur et gymnaste allemand Carl Schuhmann, sacré champion olympique à quatre reprises.

1900 Paris

Pour une durée de 5 mois, c'est l'avènement de la gymnastique aux Jeux. Selon le C.I.O., les athlètes des Jeux Olympiques de 1896 venaient de 14 pays différents. Selon les historiens, ce sont plus de 30 nations qui y ont participé. Mais c'est aussi avec la redoutable concurrence de l'Exposition universelle qu'il faudra composer. Coubertin et le C.I.O. se démènent pour que la compétition internationale révèle son identité propre. Coubertin dira : « La foule aura les concours et les fêtes de l'Exposition, et nous ferons, nous, des jeux pour l'élite : élite des concurrents, élite de spectateurs, gens du monde, diplomates, professeurs, généraux, membres de l'Institut... » L'ambition du jeune C.I.O. est affichée. Celle du baron de Coubertin aussi.

Le programme établi par son comité est basé sur celui des Jeux de 1896, avec l'addition de la boxe, du polo et du tir à l'arc et la suppression du tir à la carabine. Les femmes participent pour la première fois aux Jeux Olympiques en 1900. Des épreuves féminines de golf et de tennis sont organisées et quelques femmes participent à des épreuves mixtes en voile, en croquet et en équitation. La première femme médaillée d'or sera d'ailleurs la comtesse Hélène de Pourtalès, qui a la double nationalité suisse et américaine. Elle remporte une course de voile le 22 mai 1900. La France s'honorera de 17 médailles d'or au total. Coubertin, dans ses mémoires, sera assez négatif sur ces premiers jeux « français », tandis que la presse du pays et de l'époque est assez dithyrambique et cocardière, comme à son habitude. Pour les historiens, cette session de 1900 était un balbutiement de ce que sont rapidement devenus les Jeux, tant au niveau de l'organisation interne et des épreuves sportives qu'au niveau économique. Mais ce fut un baptême du feu utile pour le pays et ses instances sportives, culturelles et politiques.

Affiche de l'Exposition universelle de Paris, 1900. Collection privée.
Colorisation Cat's Society

✔ 1904. Saint-Louis. États-Unis d'Amérique. Les Jeux deviennent alors mondiaux aux yeux du public. Ils en prennent de l'importance en conséquence. Saint-Louis, ville coloniale française à l'origine, est, si l'on peut dire, le terrain de jeux idéal. D'autant qu'en cette belle année 1904, la ville accueille l'Exposition universelle. N'oublions pas que pour organiser des Jeux, il faut des financements, et, tout comme à Paris en 1900, la billetterie de l'Exposition sera bien utile. Les JO sont organisés dans ce cadre pour une période de quatre mois. La plupart des athlètes étaient américains, excepté 42 athlètes venus d'autres nations. D'après le recensement de 1900, Saint-Louis était alors la quatrième ville la plus peuplée des États-Unis, avec plus d'un demi-million d'âmes, c'est alors la ville la plus importante du Middle West à l'époque. Des pays ayant pris part à la précédente édition, dix-sept nations ne participent pas aux Jeux de 1904 et l'Afrique du Sud y fait une première apparition. Ce sont 651 athlètes (dont 6 femmes) qui s'affrontent dans 16 sports et 17 disciplines sur un total de 91 épreuves. Le basketball, le football et le waterpolo sont des sports de démonstration. Le format des trois médailles (or, argent et bronze) fait sa première apparition lors de ces Jeux. Au final, les nations les plus médaillées sont les États-Unis, l'Allemagne et le Canada. Les États-Unis terminent largement premiers, mais les contestations fusent. Beaucoup d'athlètes n'avaient pas officiellement la nationalité américaine. Et la grande majorité des compétiteurs étaient « made in USA », les Jeux souffraient donc d'une certaine disproportion dans la représentation internationale. Citons quelques vainqueurs des Jeux : on retrouve l'Allemand Emil Rausch, le Cubain Ramon Fonst et le Hongrois Zoltan von Halmay. L'Américain William Merz remporte 5 médailles, Frank Gailey en remporte 4 et Teddy Billington en remporte également 4. Les athlètes les plus médaillés, toutes médailles confondues, sont George Eyser, troisième au rang des médaillés, et Burton Downing, cinquième.

Les « Journées anthropologiques »

Les « Special Olympics » se tiennent les 12 et 13 août 1904. C'est alors une véritable foire humaine qui s'organise, sous la large couverture du « progrès » et des jeux. L'exposition universelle est la démonstration même de la quintessence de la suprématie blanche sur le monde connu. Industrie, nouvelles technologies, sciences et arts rivalisent de modernité et de moyens. Alors, les journées anthropologiques sont un peu une visite de la cabane des monstres. Du cabinet des curiosités des barons de l'organisation… bref, ils mettent en scène tout ce qu'il faut pour que le spectateur de base soit non seulement content d'être né blanc, mais aussi d'être un bon Américain évolué et de source européenne. Issu de la maison mère, en quelque sorte. Bien plus qu'un « amusement » public, cette manifestation a donc une véritable raison d'être, tant sociologique que politique. Le but était, en faisant appel à des concurrents aux épreuves comme les Sioux, les Pawnees, les Syriens, les Patagoniens, les Zoulous ou encore les Pygmées, *de démontrer scientifiquement les désavantages athlétiques des races considérées comme inférieures.* Les malheureux compétiteurs, originaires de toutes les régions de tous les continents colonisés, s'affrontèrent pendant deux jours pour pratiquer des disciplines sportives dont ils ignoraient tout, jusqu'aux règles ! Sous les moqueries d'un public probablement hilare. Mesurés, pesés, testés, tâtés, bref traités comme les animaux d'un Salon de l'agriculture.

L'American Anthropological Association faisait le vœu, en organisant cet « évènement », et en rassemblant ainsi diverses ethnies dans le cadre des Jeux, d'offrir aux scientifiques et autres universitaires américains et européens, une occasion unique d'étudier d'un œil expert ces spécimens issus de « peuplades exotiques ». Ce qui collait d'ailleurs très bien au thème même de l'exposition universelle, puisque le principe de ces expositions était d'amener le monde aux pieds et à la vue du spectateur. N'oublions pas que l'hygiénisme lié à la pratique sportive est particulièrement bien vendu à cette époque. De même qu'il répondait aux théories disciplinaires et étatiques concernant l'éducation des populations. Mêlés à l'eugénisme latent des États occidentaux, ces trois ingrédients feront les choux gras du fascisme et des ligues racistes de tout drapeau. Les intentions véritables des organisateurs américains sont donc de mettre en évidence l'infériorité athlétique et sportive de ceux qu'ils appellent « les sauvages ». On compare donc « scientifiquement » les résultats d'athlètes caucasiens, parfaitement entraînés et initiés aux disciplines sportives pratiquées, équipés pour la démonstration, aux résultats des « sauvages » recrutés pour l'occasion et totalement ignorants de ces mêmes disciplines. Évidemment, la photographie est on ne peut plus probante. Et bien évidemment, le « sauvage » perd la partie haut la main. Si ces journées sont bien reçues par les spectateurs américains, et tout aussi bien relayées par les médias mondiaux, Pierre de Coubertin leur porte un regard très critique, les considérant comme une « mascarade outrageante ». Mais l'outrage est pour lui que des « peuplades inférieures » puissent concourir dans « ses Jeux ». Le Spalding's Official Athletic Almanac adressera ce message éloquent à ceux qui ne seraient pas convaincus par la démonstration : « Les maîtres de conférences et les auteurs devront à l'avenir omettre toute référence à une capacité athlétique naturelle chez le sauvage, à moins de pouvoir attester leurs exploits présumés. »

Pendant un siècle, du milieu du XIXe à la Seconde Guerre mondiale, 35 000 êtres humains vont être ainsi exposés dans ces « zoos humains éphémères », devant près de 1,5 milliard de visiteurs.

ANTHROPOLOGICAL DAYS

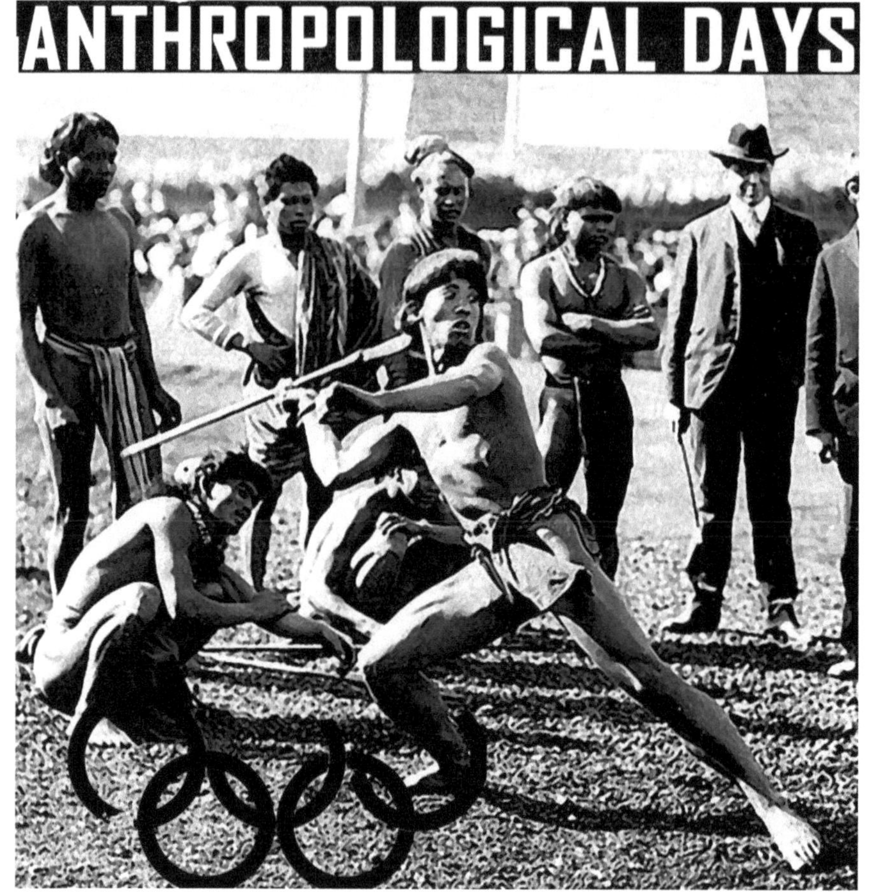

Photographie d'archive retouchée par ordinateur. Montage PAO.
Y. Laurent-Rouault. Copyright 2023

✓ 1908. Londres. Initialement donnés à la ville de Rome, les Jeux seront transférés à Londres, car les fonds destinés furent utilisés pour réparer les dégâts de l'éruption du Vésuve en 1906. Pour la première fois, un stade fut spécialement aménagé pour les Jeux. C'est aussi le premier défilé d'athlètes derrière le drapeau de leur pays. Tradition qui, comme vous le savez, perdurera.

✓ 1912. Stockholm. Premier chronométrage électronique pour les courses d'athlétisme, et première photo-finish. La technologie commence déjà à rattraper l'arbitrage.

✓ 1916. Berlin. Les Jeux sont annulés pour cause de guerre. Les Jeux de la VIᵉ Olympiade auraient dû avoir lieu à Berlin cette année-là. En mai 1912 à Stockholm, à l'occasion des Jeux Olympiques d'été qui avaient eu lieu dans la capitale suédoise, le Comité international olympique avait préféré la capitale allemande face aux candidatures de Budapest, Alexandrie, Amsterdam, Bruxelles et Cleveland pour organiser ces Jeux. Après le déclenchement de la Première Guerre mondiale en 1914, les préparatifs se poursuivirent malgré tout, car dans l'opinion générale, on estimait que la guerre serait de courte durée.

✓ 1920. Anvers. Deux ans après la fin de la Première Guerre mondiale, exclusion de l'Allemagne et de l'Autriche. Première utilisation du drapeau olympique et premier lâcher de pigeons en symbole de paix.

✓ 1924. Paris. L'Allemagne ne participe toujours pas. Seuls les Comités nationaux olympiques pouvaient inscrire des participants. Les athlètes sont logés dans un village olympique.

✓ 1928. Amsterdam. Retour de la délégation allemande après 16 ans d'absence. Pour la première fois, les femmes sont admises dans les épreuves d'athlétisme. La reine Wilhelmine des Pays-Bas se désintéresse de l'organisation de l'événement par son pays, considérant les Jeux Olympiques comme une « manifestation païenne ». Ce qui reflète aussi l'opinion de nombres de populations à majorité protestante et conservatrice, les Jeux étant du reste placés sous une étiquette laïque et républicaine. Ces Jeux voient pour la première fois l'allumage de la flamme olympique. La flamme olympique a brûlé pour la première fois ce 28 juillet 1928 lors de ces Jeux Olympiques d'été d'Amsterdam. Il n'y avait pas encore de relais pour porter la torche. Sur une idée attribuée à Carl Diem et retenue par Adolf Hitler, 8 ans plus tard, inspirée des lampadédromies antiques, le premier relais avec la torche a eu lieu lors des Jeux Olympiques d'été de 1936 à Berlin, dans le but de glorifier le IIIe Reich. Depuis, le relais et l'allumage de la flamme ont eu lieu à chaque olympiade. L'arrivée massive des femmes en athlétisme malgré l'hostilité du baron Pierre de Coubertin est aussi la nouveauté de ces jeux. 46 nations et 2 883 athlètes (dont 277 femmes) prennent part à 109 épreuves dans 14 sports. Les sportifs les plus en vue de ces Jeux sont, comme quatre ans plus tôt, l'athlète Paavo Nurmi et le nageur Johnny Weissmuller.

✓ 1932. Los Angeles. Du 30 juillet au 14 août. Ils voient l'introduction du chronométrage automatique au centième de seconde ainsi que du film d'arrivée. Il y a aussi la nouvelle utilisation des hymnes nationaux pour toutes les délégations. Le nationalisme s'affiche. Pour la deuxième fois de l'Histoire, les olympiades se déroulent dans une ville américaine. Los Angeles fut désignée ville hôte en avril 1923 par le Comité international olympique, aussi aucune autre ville n'était candidate. Les États-Unis traversent une grave crise économique à la suite du krach boursier de 1929. Près de quinze millions d'Américains sont à la recherche d'un emploi. Les Jeux Olympiques ne sont par conséquent qu'une diversion dans une Amérique non encore redressée par le New Deal. Du fait, l'impact de ces Jeux sera minoré. 37 nations et 1 332 athlètes (dont 126 femmes) prirent part à 117 épreuves dans 14 sports. Il y eut moitié moins de participants qu'aux Jeux de 1928 en raison de l'éloignement et des coûts élevés pour se rendre en Californie. Pour la première fois, la durée des Jeux est de 16 jours, à la différence des éditions précédentes qui s'étalaient sur plusieurs semaines. Par ailleurs, le cérémonial de remise de médailles aux athlètes sur un podium est introduit lors de ces Jeux de Los Angeles. Enfin, afin de limiter la domination sans partage de certaines nations, le Comité international olympique décida de limiter à trois le nombre de concurrents par pays dans chaque épreuve.

D'après photographie d'archive, montage PAO, feutre et palette.
Yoann Laurent-Rouault. Copyright 2023

1936, Berlin

Les Jeux Olympiques d'été de 1936 sont célébrés à Berlin, en Allemagne, du 1er au 16 août. La capitale allemande est désignée pour la seconde fois comme pays organisateur, mais les Jeux Olympiques de 1916 avaient été annulés en raison de la Première Guerre mondiale, et suite au conflit, l'Allemagne et l'Autriche avaient été mises au banc des nations pendant 16 années consécutives. Dans le contexte, les JO de Berlin prennent vite une tournure très politique. Pour rappel, ces Jeux furent attribués en 1931 à la République de Weimar par le C.I.O. ; les nazis n'étaient pas encore totalement au pouvoir. Ils ont donc « découvert » le grand changement. Après l'instauration du régime nazi en 1933, plusieurs pays demandent le boycott de ces Jeux Olympiques. Mais les réactions internationales étaient partagées. D'un côté, le régime hitlérien faisait peur, mais de l'autre, les moyens mis à la disposition des Jeux étaient sans précédent. Le monumental stade olympique de Berlin d'une capacité de 100 000 places fut construit pour l'occasion. Pour l'anecdote, notons qu'un virage entier était réservé aux tristement célèbres SA, la police paramilitaire du régime nazi. Le stade accueillera les cérémonies d'ouverture et de clôture, les épreuves d'athlétisme, d'équitation et les finales de handball à onze et de football. Le baseball y fut présenté en démonstration. 42 millions de marks sont dépensés pour l'ériger. Les athlètes furent logés au village olympique de Dallgow-Döberitz. Ils eurent à disposition une salle de cinéma, de théâtre, de music-hall et une bibliothèque. Chaque chambre disposait d'une salle de bains et du chauffage central. Autant d'arguments favorables. De plus, d'un point de vue rhétorique pour le C.I.O., nous l'avons lu, le schéma éducatif et sportif de l'Allemagne nazi correspond parfaitement aux bases de départ que devait adopter la IIIe République, prônées par le baron de Coubertin et ses pairs, même si celui-ci avait quitté la présidence du Comité olympique en 1925. Du reste, il fera un retour marqué pour participer à l'élaboration de l'événement allemand. Les jeunesses hitlériennes, organisées sur la base du scoutisme de Baden Powell, les camps sportifs, l'hygiénisme, l'embrigadement de la jeunesse dans la gloire de l'épreuve et la performance, avec encore et toujours un eugénisme non pas voilé cette fois, mais affirmé, bref tout correspondait à la grande idée de départ. Jusqu'à la beauté et la vélocité des jeunes femmes allemandes soigneusement mises en scène et chorégraphiées avec faste. Les Jeux de Berlin se déroulent pourtant dans une atmosphère de xénophobie et d'antisémitisme. Même si nombre d'observateurs étrangers trouvèrent que le climat berlinois était « très doux et détendu » et que l'on exagérait beaucoup sur l'antisémitisme ou sur la censure comme sur la rigueur martiale des Allemands. Afin de ne pas être stigmatisées, les affiches de propagandes nazies avaient été retirées durant la période des Jeux Olympiques. Les nazis ont donc tenté de présenter au maximum l'image d'une Allemagne pacifique et tolérante. La propagande autour des JO a d'ailleurs perduré après 1936, puisqu'en 1938, Leni Riefenstahl a sorti un documentaire pour mettre en avant le parti nazi lors des JO, qui fut projeté mondialement. En aval, les organisateurs allemands avaient donné l'ordre d'une trêve à leurs troupes durant la durée des Jeux. Ainsi, les SA et autres SS ou militants fanatiques furent contraints de relâcher la pression, notamment sur les commerçants juifs de Berlin. On jugea également utile d'enlever toutes interdictions écrites sur des lieux où les Juifs étaient exclus depuis l'avènement du régime, comme les jardins publics, les piscines ou encore les enceintes sportives. La presse d'État fut muselée sur le sujet pour le temps donné. Les nazis voulaient montrer patte blanche et surtout faire démonstration de la puissance, de la beauté et de la grandeur de l'Allemagne nationale-socialiste telle qu'ils la voyaient. Adolf Hitler voulait utiliser l'événement pour faire la promotion de l'idéologie de la supériorité de la race aryenne, notamment à travers le documentaire *Les Dieux du stade*, mais aussi par la photogénie de ses athlètes et par la magnificence des stades et équipements sportifs. Ces Jeux sont aujourd'hui encore cités comme exemple de « blanchiment par le sport » organisé par un gouvernement autoritaire.

Feutre et palette, d'après support photographique. Archives privées.
Yoann Laurent-Rouault. Copyright 2023

Sur les 49 nations et 3 967 athlètes (dont 335 femmes) qui prennent part à 129 épreuves dans 19 sports, l'Allemagne en sortira comme le pays le plus médaillé. Les 4 médailles d'or remportées par l'athlète noir américain Jesse Owens en sprint et saut en longueur représentent un important symbole dans l'histoire des Jeux Olympiques modernes. L'attitude de l'athlète jouera aussi beaucoup, comme en miroir avec celle des dirigeants nazis et les supporters allemands. Mais l'athlète le plus médaillé est le gymnaste allemand Konrad Frey (6 médailles, dont 3 d'or). Au tableau des médailles, les athlètes allemands imposeront leur large domination tout au long des Jeux, remportant 89 médailles dont 33 d'or, devant les États-Unis, avec 56 médailles, dont 24 d'or. Trois nouvelles disciplines olympiques voient le jour : une forme de handball à onze, le canoë-kayak et le basketball. Des compétitions de vol à voile et de baseball sont disputées en démonstration. L'Allemagne et les États-Unis disposent du plus gros contingent d'athlètes avec respectivement 348 et 310 engagés. La France, la Hongrie et le Royaume-Uni se présentent à Berlin avec près de deux cents sportifs chacun.

Les invitations sont lancées par le gouvernement présidé par Adolf Hitler par le biais du comité olympique allemand. L'Espagne, qui entame sa guerre civile, déclare forfait le matin même de la cérémonie d'ouverture. Cinq d'entre eux apparaissent pour la première fois : l'Afghanistan, les Bermudes, la Bolivie, le Costa Rica et le Liechtenstein.

En 1936, les organisations juives, le mouvement ouvrier international et plusieurs associations démocratiques et humanitaires appelèrent à boycotter les Jeux du Reich. Les États-Unis menaceront également l'Allemagne de boycott, mais ne mettront pas leur menace à exécution. Ces derniers, favorables au boycott, menaient eux-mêmes des ségrégations raciales contre leur propre population.

Sur le plan intérieur, les Jeux furent utilisés par le régime nazi pour renforcer l'adhésion populaire envers lui. Ils servirent de support de propagande. Au niveau de la politique extérieure, les Jeux contribuèrent à faire passer momentanément Hitler pour un pacifiste et à rassurer l'Europe quant à ses intentions belliqueuses.

Une controverse, relative au salut olympique de quelques délégations devant la tribune officielle présidée par Adolf Hitler, apparut. Le salut olympique s'inspire du salut du bataillon de Joinville, bras tendu puis replié vers le torse, ainsi que le justifia Pierre de Coubertin. Lors des Jeux de 1936, la Grèce fit le salut olympique, ainsi que le Canada, la France et l'Italie. Majoritairement, les autres nations choisirent de découvrir la tête, de saluer militairement ou de ne pas saluer. Les nazis assimilèrent le salut olympique au salut fasciste, et crurent à l'adhésion des délégations à leur idéologie, ce qui déclencha des applaudissements nourris et des levées de saluts fascistes en réponse. Ce furent également les premiers Jeux Olympiques de l'Histoire retransmis à la télévision.

Affiche JO de 1936. Collection privée. Colorisation Cat's Society

Jesse Owens

Le sprinteur noir américain Jesse Owens fut le héros de ces jeux de Berlin avec 4 titres olympiques sur les 4 épreuves auxquelles il participa. *« Le 3 août 1936 sur le 100 m, Owens est situé à la deuxième ligne. En quelques foulées, il dispose de tous ses adversaires, et en particulier de son compatriote Ralph Metcalfe pour réaliser le temps de 10 s 3. Le lendemain, Owens, âgé alors de 23 ans, décroche sa deuxième médaille d'or dans l'épreuve du saut en longueur sous les yeux d'Adolf Hitler. Dans son duel serré avec l'Allemand Luz Long, il prend l'avantage lors de son dernier essai qui est mesuré à 8,06 m, soit un nouveau record olympique. Le lendemain, l'Américain remporte sa victoire la plus nette sur le 200 m en battant de quatre dixièmes (4 m environ) Mark Robinson. Enfin, le triomphe de Jesse Owens s'achève le 9 août avec ses partenaires du 4 × 100 m américains. Au départ du premier relais, il creuse l'écart sur ses concurrents italiens et allemands. L'équipe des États-Unis remporte la course en établissant un nouveau record du monde en 39 s 8 qui tiendra vingt ans. »*

Tableau des médailles
des Jeux Olympiques d'été de 1936

Parmi les 49 nations qui participent à ces Jeux, 32 repartent avec au minimum une médaille. 21 de ces pays gagnent au moins une médaille d'or et 29 remportent plus d'une médaille. L'Allemagne, pays organisateur, arrive à la première place avec 89 médailles dont 33 en or, 26 en argent et 30 en bronze. Les États-Unis et la Hongrie prennent les deuxième et troisième places avec respectivement 56 et 16 médailles. L'équipe de France de cyclisme repart de ces Jeux avec 7 médailles en 6 épreuves. Robert Charpentier remporte la course sur route individuelle, le contre-la-montre par équipes et la poursuite par équipes (4 000 m).

✓ 1940. Tokyo. Annulés pour cause de Seconde Guerre mondiale.

✓ 1944. Londres. Annulés pour cause de Seconde Guerre mondiale.

✓ 1948. Londres. Trois ans après la fin de la Seconde Guerre mondiale, le Japon, l'URSS et l'Allemagne ne participent pas aux Jeux. Les Jeux sont retransmis à la télévision. C'est aussi l'apparition et l'utilisation des starting-blocks dans certaines courses d'athlétisme. Côté compétition, 59 nations et 4 104 athlètes (dont 390 femmes) prirent part à 136 épreuves dans 17 sports. La Hollandaise Fanny

Blankers-Koen fut l'héroïne de ces Jeux en remportant à l'âge de trente ans 4 titres olympiques en athlétisme.

✓ 1952. Helsinki. L'Union soviétique et Israël participent pour la première fois aux Jeux. Après des années d'absence, l'Allemagne et le Japon retrouvent les Jeux Olympiques.

✓ 1956. Melbourne. Boycott de l'Espagne, des Pays-Bas et de la Suisse (invasion soviétique en Hongrie), de l'Égypte, du Liban, de l'Irak et la Chine (Formose et Canal de Suez). En dehors des boycotts enregistrés, 67 pays sont présents à Melbourne. L'Éthiopie, Fidji, le Kenya, le Liberia, la Malaisie, Bornéo du Nord, et l'Ouganda font leur première apparition olympique. Cinq nations non présentes à Melbourne ont cependant participé aux épreuves équestres à Stockholm : le Cambodge, l'Égypte, l'Espagne, les Pays-Bas et la Suisse. Enfin, les deux Allemagnes furent contraintes par le Comité international olympique de former une seule équipe, l'équipe unifiée d'Allemagne.

Affiche JO URSS.
Collection privée.
Colorisation Cat's Society

✓   1960. Rome. Les Jeux sont retransmis par plus de 100 chaînes de télévision en direct.

✓   1964. Tokyo. Yoshinori Sakai, né à Hiroshima le 6 août 1945, allume la vasque olympique. Le judo et le volleyball font leur apparition aux Jeux. La paix des nations que véhiculent les jeux revient sur le devant de la scène.

Les Jeux de Mexico

1968. Mexico. Deux Afro-Américains, Tommie Smith et John Carlos, ont le poing ganté de noir et levé, et ils gardent la tête baissée alors qu'ils sont sur le podium olympique. L'année 1968 est marquée par une multitude d'événements politiques majeurs dans le monde. Le pasteur Martin Luther King est assassiné le 4 avril et Bob Kennedy le 6 juin. Le 20 août, les chars soviétiques pénètrent dans Prague. Par ailleurs, la guerre du Viêt Nam fait rage pendant qu'un conflit au Nigeria provoque un véritable génocide au Biafra. Mais les deux événements qui marqueront le contexte de ces Jeux Olympiques de Mexico resteront le massacre de Tlatelolco par l'armée mexicaine commis quelques jours avant la cérémonie d'ouverture, et la protestation contre la ségrégation raciale aux États-Unis par des athlètes américains sympathisants des Black Panthers. Le C.I.O. déclarera : « Les Jeux de la XIXe Olympiade, cet amical rassemblement de la jeunesse du monde, dans une compétition fraternelle, se poursuivront comme prévu... S'il y a des manifestations sur les sites olympiques, les compétitions seront annulées. »

112 nations étaient présentes aux Jeux Olympiques de 1968. 12 d'entre elles ont fait leur première apparition à Mexico : la Barbade, Belize, la Guinée, le Honduras, les Îles Vierges américaines, le Koweït, le Nicaragua, le Paraguay, la République centrafricaine, le Salvador, la Sierra Leone et le Suriname. Pour la première fois, l'Allemagne est représentée par deux délégations : l'Allemagne de l'Est et l'Allemagne de l'Ouest (de 1956 à 1964, les deux Allemagnes disputaient les Jeux Olympiques sous une seule bannière, l'équipe unifiée d'Allemagne). Le gouvernement sud-africain, alors sous régime d'Apartheid, avait abrogé la législation interdisant des équipes sportives multiraciales pour permettre à l'Afrique du Sud d'être admise à ces Jeux Olympiques d'été de 1968. Mais le C.I.O. dut retirer l'invitation qu'il avait faite à l'Afrique du Sud devant les menaces de boycott de nombreux pays africains.

Dessin et montage PAO d'après photographie d'archives privées.
Y. Laurent-Rouault Copyright 2023

Munich

Les Jeux Olympiques d'été de 1972 ont été célébrés à Munich, en République fédérale d'Allemagne, du 26 août au 11 septembre 1972. En marge des épreuves sportives, ces Jeux furent accidentés par la prise d'otages et l'assassinat de onze athlètes israéliens par un groupe de terroristes palestiniens.

Trente-six ans après les Jeux de Berlin, Munich, capitale de la Bavière, souhaitait effacer des mémoires le souvenir nazi des Jeux de Berlin en 1936. Pour l'événement, Munich s'était totalement métamorphosée en une des cités olympiques les plus modernes et les plus peuplées qu'on ait vues jusqu'ici. 121 nations (11 d'entre elles font leur première apparition à ces Jeux d'été : le Dahomey, le Lesotho, l'Albanie, la Haute-Volta, l'Arabie saoudite, la Somalie, le Gabon, la Corée du Nord, le Malawi, le Swaziland et le Togo) et 7 134 athlètes dont 1 059 concurrentes féminines prirent part à 195 compétitions sportives dans 21 disciplines sportives différentes. Tout était alors pensé pour que ces jeux soient une référence tant dans l'organisation que dans le retentissement international.

Le grand gagnant de ces Jeux sera le nageur américain Mark Spitz avec 7 titres olympiques.

Montage informatique d'après photographie d'archive.
Y. Laurent-Rouault. Copyright 2023

La mort en direct

Le 5 septembre 1972, un commando de l'organisation palestinienne « Septembre noir » prend en otages neuf athlètes israéliens dans le village olympique de Munich. Les huit terroristes sont parvenus à pénétrer dans les appartements occupés par la délégation masculine israélienne. Deux personnes sont tuées lors de l'attaque.

Les terroristes lancent un ultimatum à Israël : s'ils n'obtiennent pas la libération de plus de 230 prisonniers politiques palestiniens, ils exécuteront les otages.

Les caméras du monde entier se tournent vers eux. La revendication terroriste est entendue. La situation politique des Palestiniens et le terrorisme arrivent sur le devant de la scène internationale sans prémices, touchant, grâce à l'olympisme, tous les États participants. Une fois de plus, les Jeux servent de vecteur politique, propagandiste et médiatique. Cette prise d'otage sonne l'arrêt temporaire de la compétition. Les sponsors et les investisseurs s'affolent, le C.I.O. est pris de cours.

Les négociations avec les autorités ouest-allemandes durent de très longues heures. Elles aboutissent à la mise à disposition d'un avion devant conduire les ravisseurs et leurs otages au Caire, en Égypte. Mais sur le tarmac de l'aéroport, la police allemande lance l'assaut au moment du décollage et l'opération tourne mal. C'est l'hécatombe.

Le bilan final est lourd : dix-sept morts (dont onze Israéliens). La grande fête olympique est gâchée, et pour la première fois de l'histoire des Jeux, le drapeau olympique est en berne. L'opinion publique mondiale est choquée, et les articles de presse tombent, tous plus dramatiques les uns que les autres.

Extrait d'un article paru dans *Le Figaro* du 6 septembre 1972 : «*En quelques heures, le village olympique est devenu un ouvrage fortifié avec des casemates et des blockhaus, occupé par des militaires. Ce soir, le drame est achevé. Sur un dénouement aussi rapide que tragique, après une mortelle journée d'angoisse, la nuit est tombée. Tout est calme maintenant autour du pavillon qui, durant dix-huit heures, a servi de prison aux athlètes tous israéliens, otages du commando de Palestiniens. Dès ce matin neuf heures, dans le village olympique, c'est l'état de siège. Les athlètes n'en sortent qu'au compte-gouttes, filtrés par un service d'ordre sur pied de guerre. Tous les quinze mètres, des policiers en uniforme gris montent la garde, face au grillage. Certains ont la mitraillette à la main. Devant l'entrée principale règne une cohue silencieuse où les spectateurs qui tentent d'en voir davantage naviguent entre les camions de la police bourrés d'hommes et les voitures de liaison. Là aussi, il y a un contrôle constant de ceux qui rentrent au centre olympique. Les athlètes ont des visages tristes. Ils écartent presque tous de la main les carnets d'autographes. Quelque chose s'est cassé dans leur regard... Tout autour du village, sur les buttes de gazon transformées en boulevard (comme sur nos anciennes "fortifs"), c'est la foule des dimanches qui essaie de voir l'impossible, c'est-à-dire l'intérieur des blocs. Notamment du côté de la délégation israélienne. Mais la police a tendu des cordes et installé des barrages partout où les spectateurs pourraient se trouver sous le feu éventuel des terroristes. De ce qui était hier un village vivant, on n'aperçoit – entre les pans de béton des terrasses – que des groupes épars qui ne traînent pas. »*

On apprendra plus tard que les sportifs israéliens avaient reçu deux jours plus tôt des menaces que leur délégation avait pourtant prises au sérieux. Ils avaient réclamé la protection de la police allemande. On leur aurait répondu que la police de Munich était entièrement au service des Jeux. Et qu'il n'y avait pas de personnel disponible pour « les cas particuliers ».

Le président du C.I.O., Avery Brundage, déclarera : *« La paix a été rompue par un assassinat commis par des terroristes criminels. L'ensemble du monde civilisé condamne ce crime barbare. En signe de profond respect pour les victimes et de sympathie pour les otages encore détenus, les compétitions sportives de cet après-midi seront arrêtées. »*
Après avoir renoncé à annuler les Jeux Olympiques, le C.I.O. organise dans le stade olympique de Munich une cérémonie funèbre à la mémoire des victimes innocentes, qui rassemble 80 000 personnes. Le président du C.I.O., Avery Brundage, ne cite pas les athlètes israéliens assassinés et déclare : *« The Games must go on. »*

*Affiche **JO de Munich 1972**.*
Colorisation Cat's Society, 2023.
Archives privées

Le champion olympique Mark Spitz, nageur américain, fait l'objet d'une protection particulière par le FBI du fait de ses origines juives et est rapidement exfiltré aux États-Unis.

Ces Jeux de Munich furent un véritable succès populaire en termes de fréquentation des différents sites. À la veille de l'ouverture, 3 millions de billets, sur les 3,8 millions disponibles, étaient déjà vendus. Par ailleurs, on estime à 850 millions le nombre de téléspectateurs ayant suivi les Jeux Olympiques de 1972 à la télévision. Au total, quatre cents heures d'émission seront proposées. Un film tourné pendant les Jeux est réalisé par dix grands metteurs en scène, parmi eux le Français Claude Lelouch et le Tchécoslovaque Miloš Forman, qui ont eu respectivement le retentissement et la carrière que l'on sait.

✓ 1976. Montréal. Boycott de 32 pays africains à cause de la politique de l'Apartheid en Afrique du Sud.

✓ 1980. Moscou. Les Jeux sont boycottés par 35 délégations occidentales (dont les États-Unis) pour protester contre l'invasion des troupes soviétiques en Afghanistan. À noter que l'URSS de l'époque sera de nombreuses fois mise au ban des nations participantes, en 56 avec la Hongrie, puis avec le Printemps de Prague et encore d'autres événements suivront.

✓ 1984. Los Angeles. Les Jeux sont boycottés par l'URSS et 14 nations du Pacte de Varsovie.

✓ 1988. Séoul. Boycott de 7 pays en faveur de la Corée du Nord. Affaire Ben Johnson, disqualifié pour dopage sur 100 m.

✓ 1992. Barcelone. Participation de Cuba, de la Corée du Nord et de l'Afrique du Sud après de nombreuses années d'absence. L'Allemagne est réunifiée et les 12 nations formant l'ancienne URSS participent sous le nom de l'équipe unifiée.

D'après photographie. Feutre et palette PAO.
Y. Laurent-Rouault. Copyright 2023

D'après photographie. Montage & palette PAO.
Y. Laurent-Rouault. Copyright 2023

✓ 1996. Atlanta. Les États-Unis accueillirent les Jeux Olympiques d'été pour la quatrième fois après Saint-Louis en 1904 et Los Angeles en 1932 et 1984. Ils furent également surnommés *les Jeux Olympiques du centenaire,* car ils se déroulèrent un siècle après les premières olympiades modernes initiées par Coubertin en 1896 à Athènes. Ces Jeux furent marqués par l'explosion en plein milieu de la foule d'une bombe dans le parc du Centenaire, faisant malheureusement 2 morts et 111 blessés. Cet attentat fut commis par Eric Robert Rudolph, motivé par son idéologie religieuse chrétienne, anti-avortement et anti-gouvernementale. Quelques années plus tard, Eric Rudolph sera arrêté puis condamné à la prison à vie.

24 délégations, dont 11 issues du bloc soviétique concourant avec l'équipe unifiée de l'ex-URSS en 1992, firent leur première apparition à ces Jeux Olympiques d'été : l'Arménie, l'Azerbaïdjan, la Biélorussie, le Burundi, le Cap-Vert, les Comores, la Dominique, la Géorgie, la Guinée-Bissau, le Kazakhstan, le Kirghizistan, la Macédoine, la Moldavie, Nauru, l'Ouzbékistan, la Palestine, Saint-Christophe-et-Niévès, Sainte-Lucie, Sao Tomé-et-Principe, la Slo-

vaquie, le Tadjikistan, la République tchèque, le Turkménistan et l'Ukraine.

Côté compétition, 197 nations et 10 318 athlètes (dont 3 512 femmes) prirent part à 271 épreuves dans 26 sports. Les héros de ces Jeux furent, entre autres, les athlètes Michael Johnson, Carl Lewis et Marie-José Pérec, les nageurs Michelle Smith et Alexander Popov, et l'haltérophile Naim Süleymanoğlu.

D'après photographie. Montage et palette PAO.
Y. Laurent-Rouault. Copyright 2023

✓ 2000. Sydney. La Corée du Sud et la Corée du Nord défilent ensemble sous un même drapeau. Premiers tests de dépistage de l'EPO, premiers prélèvements de sang.

✓ 2004. Athènes. Les compétitions de tir à l'arc et les arrivées des marathons eurent lieu dans le stade historique panathénaïque, tandis que le lancer de poids hommes et femmes eut pour cadre prestigieux le site d'Olympie.

✓ 2008. Pékin. Menace de boycott international face aux problèmes de minorités ethniques et de droits de l'Homme en Chine.

✓ 2014. Les Jeux Olympiques d'hiver de 2014, officiellement appelés les XXIIᵉ Jeux Olympiques d'hiver, sont célébrés du 7 au 23 février 2014 à Sotchi, ville russe située au bord de la mer Noire.

C'est la deuxième fois que les Jeux Olympiques se tiennent en Russie après les Jeux d'été de Moscou en 1980, et la première fois qu'ils sont organisés dans la Fédération de Russie depuis l'éclatement de l'URSS. Les Jeux de Sotchi sont les plus chers de l'Histoire, éditions hivernales et estivales confondues. Ces Jeux, composés de 98 épreuves pour 15 disciplines dans 7 sports olympiques, comportent 12 nouvelles épreuves, dont les apparitions du slopestyle en ski et en snowboard et du saut à ski féminin. La Russie domine le tableau des médailles avec un total de 33 podiums pour 13 titres, mais la révélation en 2017 de l'entreprise institutionnelle du dopage russe entraînera des sanctions. Au 24 janvier 2014, 90 nations sont annoncées participantes à ces jeux, avec près de 3 000 athlètes. Sept nouveaux pays font leurs débuts aux Jeux Olympiques d'hiver : la Dominique, Malte, le Paraguay, le Timor oriental, le Togo, les Tonga et le Zimbabwe. Les polémiques concernant ces Jeux furent nombreuses et nourrirent énormément de reportages presse et télévision. Parmi les thématiques, on trouvera l'exploitation « concentrationnaire » des 60 000 ouvriers qui bâtirent le village olympique et les structures nécessaires à l'organisation des Jeux, « l'écologie et la destruction de sites naturels », le dopage institutionnel, la censure de la presse, la non-liberté sexuelle des athlètes et le comportement autoritaire du régime russe.

✓ 2018. Les Jeux Olympiques d'hiver se sont déroulés du 9 février au 25 février à P'yŏngch'ang en Corée du Sud. Au total, 92 comités olympiques et 2 925 athlètes y participent.

✓ 2022. Pékin. Les appels au boycott des Jeux Olympiques d'hiver chinois se multiplient en Occident. En juillet 2021, le Parlement européen vote une résolution à 578 voix pour et 29 contre demandant aux personnalités politiques et diplomatiques de ne pas se rendre aux Jeux Olympiques de Pékin, pour protester contre les atteintes aux droits de l'Homme par la Chine, à Hong Kong, au Xinjiang ou au Tibet. Joe Biden déclare le boycott diplomatique des Jeux Olympiques par les États-Unis, qui se traduit par l'absence de délégation diplomatique, sans impact pour les athlètes américains. En 2019, la Russie est exclue des Jeux olympiques 2020 et 2022 par l'Agence mondiale antidopage. Les Russes peuvent cependant participer sous une bannière neutre « ROC » (pour Russian Olympic Committee). 91 nations participeront. Ces Jeux comprennent 109 épreuves (52 épreuves masculines, 46 féminines et 11 mixtes) pour 15 disciplines.

D'après photographie. Montage et palette PAO.
Y. Laurent-Rouault. Copyright 2023

L'ensemble des sources détaillées concernant ce dossier sont disponibles sur demandes motivées auprès de la maison d'édition. Principales sources : Wikipédia, Wikimonde, Le Figaro, Reporters sans frontières, Archives du C.I.O., encyclopédies des JO, L'équipe, Le journal du sport, Le Point, Le Monde, France Télévision, archives Canal+, Bibliothèque nationale de France, fonds communs JDH Éditions, archives Cat's Society, INA, AFP, Eurosport, Comité d'organisation olympique, Ouest France, Historia, Paris Match, Télérama et collections privées.

POSTFACE

Par Jean-David Haddad
Professeur agrégé de Sciences économiques et sociales
Président-fondateur de JDH Éditions et de Memoria Books

En juillet 2024, la France accueillera les 23e Jeux olympiques. Un évènement ressuscité au 19e siècle par le baron Pierre de Coubertin, dont le présent volume a fait honneur au texte, tout en le complétant et en le prolongeant par des mémoires olympiques contemporaines, celles de Yoann Laurent-Rouault, fin observateur, analyste, chroniqueur de la vie moderne et de l'histoire.

Ces JO, que Paris retrouvera pile un siècle après les avoir organisés, sont sans commune mesure avec leurs prédécesseurs. La place prise par cet évènement à travers l'Histoire et à travers le monde n'a cessé de croître, sous l'impact de la société de consommation et de la société du spectacle.

Enjeux économiques

Ainsi, le budget des Jeux 2024 devrait s'élever à 8,8 milliards d'euros. Cette estimation était de 6,6 milliards en 2017. Mais l'inflation est passée par là. Le financement devrait se faire à plus de 95 % par le secteur privé. Se positionner en sponsor, en mécène, est une aubaine pour le marketing des grandes entreprises. De grands noms de la nouvelle économie comme Alibaba ou AirBnB, et de grands noms de l'économie traditionnelle comme Omega ou EDF, vont s'y retrouver. Ce budget prévisionnel de 8,8 milliards d'euros (soit un peu plus de 9 milliards de dollars) est néanmoins inférieur à celui des JO de Tokyo de 2021 qui ont nécessité 28 milliards de dollars (le COVID étant passé par là, ce qui a nécessité des aménagements particuliers). C'est aussi beaucoup moins que celui de la Coupe du monde de football au Qatar qui a été estimé à 220 milliards de dollars.

On notera que les JO d'été coûtaient traditionnellement plus cher que les JO d'hiver, mais ce décalage a été rattrapé depuis le milieu des années 2010 vu la popularité croissante des sports d'hiver et le besoin permanent de spectacle. Ainsi, les JO d'hiver de 2018 en Corée du Sud ont coûté la bagatelle de 13 milliards de dollars.

Pour comparer, les JO d'été d'Atlanta en 1996 ont coûté 4,2 milliards, et les JO d'hiver de Nagano en 1998 ont quant à eux coûté 2,2 milliards.

Pour en revenir aux JO de 2024 à Paris, ce sont 7 millions de personnes qui sont attendues. C'est le double des spectateurs qui ont assisté aux matchs de la Coupe du monde de football au Qatar en 2022. Et pourtant, le budget est nettement moindre. Il faut dire que l'évènement footballistique de 2022 a été exceptionnel dans la mobilisation de création d'infrastructures qu'il a nécessitées. Dans un passé récent, les JO ont toujours coûté plus cher que les Coupes du monde jusqu'aux années 2010. Par exemple, la Coupe du monde de Paris en 1998 n'a coûté « que » 0,5 milliard de dollars, celle de 2014 au Brésil a coûté 15 milliards. Soit en gros l'équivalent des JO de 2016, au Brésil également (14 milliards).

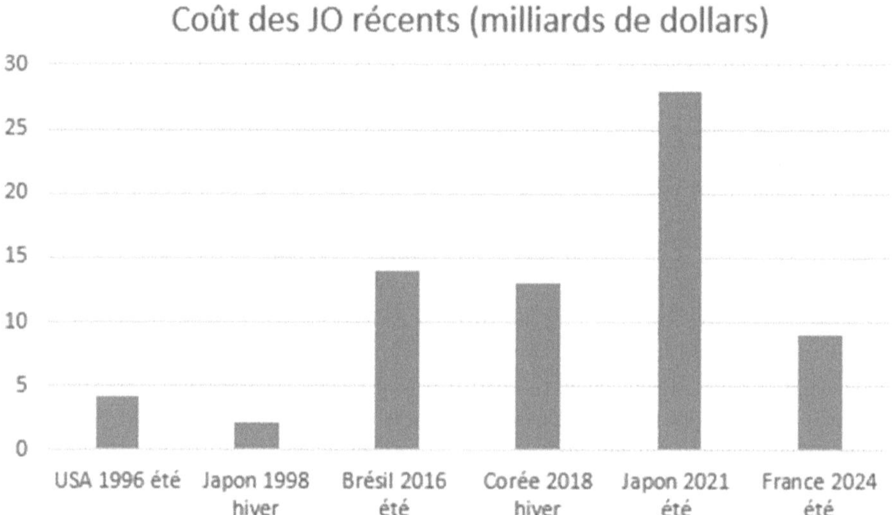

Enjeux sociaux

Derrière les enjeux économiques, les JO revêtent aussi de multiples enjeux sociaux et sociétaux.

Le handicap par exemple en est un. Les Jeux paralympiques, en marge des JO, sont organisés depuis 1948. Mais leur budget et leur couverture médiatique n'ont strictement rien à voir. Ainsi, le budget des Jeux paralympiques de Paris sera de l'ordre de 75 millions de dollars, soit moins de 1 % du budget des JO. Pour comparaison, le taux de travailleurs handicapés dans la société française est estimé à 3,5 %. On peut donc en déduire une sous-représentation du handicap au niveau des JO, bien qu'un effort particulier soit fait sur ce plan.

Un autre enjeu sociétal des JO est celui de la mixité. La place des femmes dans le sport a considérablement évolué depuis l'époque de

Coubertin. Les JO sont d'ailleurs un catalyseur progressif, d'olympiade en olympiade, de l'égalité des sexes. C'est un paradoxe alors que Pierre de Coubertin trouvait que la gent féminine n'avait pas sa place dans ces compétitions. Selon ses paroles de 1928 : « Quant à la participation des femmes aux Jeux, j'y demeure hostile. C'est contre mon gré qu'elles ont été admises à un nombre grandissant d'épreuves. » Pourquoi cette hostilité ? Sa réponse : « Impratique, inintéressante, inesthétique, et nous ne craignons pas d'ajouter : incorrecte, telle serait à notre avis cette demi-Olympiade féminine. »

Pourtant, au fil des olympiades, les performances féminines n'ont fait que s'améliorer. Se rapprochant parfois de celles des hommes. En 1988, Florence Griffith-Joyner a couru le 100 m en 10'49 secondes, un record inégalé depuis. Cela équivaut aux records masculins des années 1920. Certes, les starting-blocks ainsi que les chronomètres électroniques et des revêtements modernes avantagent les athlètes contemporains par rapport à ceux d'il y a un siècle… mais quand même !

Prenons un geste féminin qui aurait très fortement déplu au baron de Coubertin : l'arraché. À savoir l'épreuve de force brute et pure de l'haltérophilie qui consiste d'un coup sec à hisser une barre d'haltères depuis le sol jusqu'au bout de ses bras. Référons-nous aux athlètes poids lourds qui sont ceux développant le plus de puissance. Le record du monde féminin de Li Wenwen est de 147 kilos (daté de 2019). Par comparaison immédiate, c'est déjà plus que les records masculins actuels des « petites » catégories de poids (record de 145 kg dans la catégorie des 61 kg). Mais c'est surtout plus que le champion du monde des années 1930, le Français Charles Rigoulot, poids lourd, à qui je rends ici hommage, que mon paternel a bien connu, et qui arrachait alors 143 kg en 1931.

De plus en plus de femmes pratiquent le sport à un très haut niveau. La proportion est sans commune mesure avec ce qui se faisait à l'époque de Coubertin. Ainsi, il est naturel que sur un échantillon plus vaste de pratiquantes, il y ait une probabilité d'avoir des performances de plus en plus importantes.

Les derniers JO de Tokyo ont d'ailleurs innové en introduisant de nombreuses épreuves mixtes. Ce sont ainsi 18 épreuves mixtes qui ont été proposées en athlétisme, badminton, judo, natation, sports équestres, tennis, tennis de table, tir, tir à l'arc, triathlon et voile. Souvent, il s'agit de relais donc d'équipes mixtes affrontant d'autres équipes mixtes. Aujourd'hui, l'égalité des sexes est une priorité absolue pour le CIO, aussi bien sur l'aire de compétition que dans l'encadrement sportif. Elle est bien loin l'époque de Coubertin, décidément !

Les JO : un évènement en mouvement

Les JO apparaissent donc au final comme un évènement en mouvement, qui colle aux évolutions sociétales et qui est dopé par les budgets croissants qui y sont alloués, tant au niveau de la couverture médiatique qu'au niveau des vocations, des passions et des rêves qu'il suscite.

Quelles qu'aient été ses idées, qui étaient en grande partie influencées par les normes et valeurs de son époque, Pierre de Coubertin a mis en place une nouvelle forme de sociabilité mondiale qui sublime à sa manière l'Humanité.

Voilà pourquoi il nous a paru indispensable de publier ses fameux mémoires olympiques dans le fonds littéraire international Memoria Books. Car les JO, c'est la mémoire collective. Et aussi une forme d'avenir de celle-ci.

Yoann Laurent Rouault est le directeur littéraire et artistique de la maison d'édition JDH. Maître des Beaux-Arts, ancien des métiers de la publicité et de la communication, ancien dessinateur de presse, il est aujourd'hui illustrateur, auteur, biographe, producteur, éditorialiste et rédacteur en chef de la revue littéraire *L'Édredon* de JDH Éditions. Voici un aperçu de ses publications les plus récentes et de quelques-unes de ses collaborations.

Les livres illustrés par Yoann Laurent-Rouault pour JDH Éditions

- ➢ JDH ÉDITIONS. **Le collector 1984**, d'après George Orwell.
- ➢ JDH ÉDITIONS. **Trois siècles de pensée économique**, de Nicolas Piluso, collection « Les Pros de l'Éco ».
- ➢ JDH ÉDITIONS. **La belle équipe du football français**, de Y. Laurent-Rouault, J.-D. Haddad & B. Rousseau, collection « Sporting Club ».
- ➢ JDH ÉDITIONS. **Bourse de Paris : 10 grands patrons, 10 grandes histoires**, de Y. Laurent-Rouault, J.-D. Haddad et B. Rousseau, collection « Les Pros de l'Éco ».
- ➢ JDH ÉDITIONS. **L'ombre d'Ulysse** (haïkus), de Jean-Hughes Chevy, collection « Nouvelles Pages ».
- ➢ JDH ÉDITIONS. **Mona Nova**, C. Fourrier, collection « Nouvelles pages ».

Romans, théâtre et pamphlets écrits par Y. Laurent-Rouault

- ➢ JDH ÉDITIONS. **Le conard nu**, roman, collection « Magnitudes ».
- ➢ JDH ÉDITIONS. **Tu n'iras pas à l'école mon fils**, pamphlet, collection « Uppercut ».
- ➢ JDH ÉDITIONS. **Coronavirus, la dictature sanitaire**, pamphlet (collectif), collection « Uppercut ».
- ➢ JDH ÉDITIONS. **Le roman en pièce ou la petite cuillère de porcelaine rouge**, théâtre., collection « Drôles de pages ».
- ➢ JDH ÉDITIONS. **Les 84 marches**, roman d'anticipation, collection « Black Files ».
- ➢ JDH ÉDITIONS. **L'anatomie de la Marguerite**, recueil, collection « My Feel Good »
- ➢ 6 nouvelles sur différents collectifs et thématiques.

Adaptation :

- ➢ JDH ÉDITIONS. **La tragédie de Fidel Castro**, de João Cerqueira. Winner USA Best Book Awards & Beverly Hills Book Awards, collection « Magnitudes ».

**Les Livres sur mesure/Livres d'entreprises
écrits par Yoann Laurent-Rouault chez JDH Éditions**

- ➢ JDH ÉDITIONS. **Immigration mon amour**, biographie de Lamia Aamou, collection « Baraka ».
- ➢ JDH ÉDITIONS. **Biographie d'Adnan el Bakri**, chirurgien et président de la commission sur l'intelligence artificielle en médecine, collection « Baraka » (à paraître).
- ➢ JDH ÉDITIONS. **Biographie de Fares Zlitni** (à paraître).
- ➢ JDH ÉDITIONS. **Plongeurs démineurs**, Guillaume Garnier.
- ➢ JDH ÉDITIONS. **De Bocuse à la Corrèze : Itinéraire d'un enfant gourmand**, Benoit Ducher.

**Dossiers documentaires (illustrés) et préfaces documentées
Collection « Les Atemporels »**

16 titres sur des œuvres classiques de Gide (x2), Alain, Éluard, Fitzgerald, Guénon, Verne, Zola, Baudelaire, Rousseau, Allais, Pouchkine, Apollinaire, De Coubertin, Daudet et Kardec, parus ou à paraître.